Psicoterapia breve psicanalítica

Psicoterapia breve psicanalítica

Mauro Hegenberg

c coleção
c clínica
p psicanalítica

Artesã

Psicoterapia breve psicanalítica
Copyright © 2021 Artesã Editora
2ª Edição – 3ª Reimpressão 2023

É proibida a reprodução total ou parcial desta publicação, para qualquer finalidade, sem autorização por escrito dos editores.

Todos os direitos desta edição são reservados à Artesã Editora.

DIRETOR
Alcebino Santana

CAPA
Karol Oliveira

COORDENAÇÃO EDITORIAL
Michelle Guimarães El Aouar

DIAGRAMAÇÃO
Conrado Esteves

REVISÃO
Silvia P. Barbosa

H462   Hegenberg, Mauro.
        Psicoterapia breve psicanalítica / Mauro Hegenberg.
2. ed. – Belo Horizonte : Artesã, 2021. – (Clínica psicanalítica).

        248 p. ; 21 cm.

        ISBN: 978-65-86140-04-0

        1. Psicoterapia breve. 2. Psicanálise. I. Título.

CDU 159.9.018

Catalogação: Aline M. Sima CRB-6/2645

IMPRESSO NO BRASIL
Printed in Brazil

📞 (31)2511-2040   💬 (31)99403-2227
🌐 www.artesaeditora.com.br
📍 Rua Rio Pomba 455, Carlos Prates - Cep: 30720-290 | Belo Horizonte - MG
📷 📘 /artesaeditora

Dedicatória

Ao Dr. Décio Issamu Nakagawa, amigo desde 1972, colega da Faculdade de Medicina USP. Juntos, começamos a estudar a *Psicoterapia breve*, em 1981.

Agradecimentos

Ao Gilberto Safra, que tem sido, desde 1993, uma pessoa muito especial, tanto na minha vida profissional quanto pessoal.

Aos diversos membros (ao longo do tempo) do *Núcleo de atendimento e pesquisa da conjugalidade e da família* (NAPC), do Instituto Sedes Sapientiae.

A Gislaine Mayo de Dominicis, Marcia Barone Bartilotti, Renata Kerbauy e Susi Breviglieri, professoras do Curso de *Psicoterapia breve psicanalítica* do Instituto Sedes Sapientiae.

Ao Dr. Edmond Gilliéron, que abriu possibilidades na intersecção entre a psicoterapia breve e a psicanálise.

Às psicólogas *do Serviço de atendimento psicológico do Serviço de assistência psicológica e psiquiátrica* (SAPPE), da Faculdade de Medicina da UNICAMP, e a Andrea Stuttman, do Chile, pelo apoio e exemplos clínicos.

Ao grupo das quartas-feiras, da Oficina Literária do Carlos Felipe Moisés, que me ajudou na árdua e interminável tarefa da escrita. Escrevemos juntos *Quarta-feira: antologia de prosa e verso*, publicado pela Escrituras, em 2003.

A Maria Trevisan, minha tia-avó. Se não sou mais louco do que sou, devo a ela.

Ao meu pai e à minha mãe, que me ensinaram a curiosidade e o desejo de saber.

Aos meus pacientes e alunos: sentido maior das horas dos meus dias.

Prefácio 13
Gilberto Safra

Apresentação 17

1 A psicoterapia breve na clinica contemporânea 21

2 A psicoterapia breve no século xx 31
   2.1 Origens 31
   2.2 A partir de 1950 35
   2.3 Vertentes da psicoterapia breve psicanalítica 37

3 Definição 43
   3.1 A Psicoterapia Breve Psicanalítica 47
   3.2 Vértice psicanalítico 51
   3.3 Psicoterapia breve psicanalítica e psicanálise 55

4 Temporalidade 61
   4.1 Limite de tempo 64
   4.2 Alta 67
   4.3 Separação 69
   4.4 Retorno 71
   4.5 A questão do término do processo 71

5 Focalização 75
- 5.1 Comentários 75
- 5.2 Manejo do foco na sessão 78
- 5.3 Foco e profundidade 80
- 5.4 A escolha do foco 82

6 Tipos de personalidade e foco 85
- 6.1 Tipos libidinais de Freud + Bergeret 86
- 6.2 Neurótico 89
- 6.3 Narcísico 90
- 6.4 Anaclítico 92
- 6.5 Observações sobre os tipos 93
- 6.6 Tipos mistos 98
  - 6.6a Tipo anaclítico/narcísico 98
  - 6.6b Tipo anaclítico/neurótico 107
  - 6.6c Tipo narcísico/neurótico 110

7 Exemplos 115
- 7.1 Características da pessoa do tipo Neurótico 115
- 7.2 Características da pessoa do tipo anaclítico 127
- 7.3 Características da pessoa do tipo Narcísico 136
- 7.4 Limites e possibilidades a respeito dos tipos de personalidade 145

8 Quatro tarefas 153
- 8.1 Primeira tarefa 157
- 8.2 Segunda tarefa 169
- 8.3 Terceira tarefa 171
- 8.4 Quarta tarefa 172

8.5 Limites e possibilidades
das quatro tarefas 173

9 **Paciente em crise** 177
9.1 Crises comuns da vida 177
9.2 Crise de sentido de vida 178

10 **Manejo do paciente em relação à crise** 191
10.1 Paciente com crises comuns da vida 191
10.2 Paciente à beira da crise
de sentido de vida 196
10.3 Paciente em crise de sentido de vida 197

11 **Indicação de psicoterapia breve** 201
11.1 Quanto aos tipos de personalidade 206
11.2 Quanto à demanda 209

12 **O terapeuta da psicoterapia breve** 215

13 **Discussão** 223
13.1 Resultados. Alta? 226
13.2 Coleta de informações,
intervenção, triagem? 230
13.3 Diagnóstico psiquiátrico e psicanalítico 234

Referências bibliográficas 239

Prefácio

O ser humano, a fim de que possa acontecer e emergir como si mesmo, precisa iniciar seu processo de constituição a partir de uma posição, de um lugar. Esse lugar não é um lugar físico, é um lugar na subjetividade de um outro. Não é verdade que o fato de uma criança ter nascido garanta que ela tenha tido um início como um ser participante do mundo humano. É muito grande o número pessoas que vivem no mundo sem pertencer a ele, que vivem nele sem que tenham tido início como um ser diante de um outro. Há necessidade, para o acontecer humano, que a criança seja recebida e encontrada por um outro humano, que lhe dê esse lugar, que lhe proporcione o início de si mesma. Não é possível se falar de alguém sem que se fale de um outro.

Adentramos no mundo ao nascer e o deixamos para trás ao morrer. O mundo transcende a duração de nossa vida, tanto no passado como no futuro. Ele preexistia à nossa chegada e sobreviverá à nossa breve permanência. O nascimento humano e a morte de seres humanos não são ocorrências simples e naturais, mas se referem a um mundo ao qual vêm e do qual partem como indivíduos únicos, entidades singulares, impermutáveis e irrepetíveis. Sem dúvida, pode-se afirmar que é preciso entrar no mundo para que o indivíduo sinta-se vivo e existente, mas tem de ser de uma maneira singular e pessoal. Não basta, para o acontecer do *self* do bebê, que o mundo esteja pronto com suas estéticas, com seus códigos, com seus mitos.

A criança precisa, pelo gesto, transformar esse mundo em si mesma. É preciso que o mundo, inicialmente, seja ela mesma, para que ela possa apropriar-se dele e compartilhá-lo com outro.

A realidade compartilhada é construção de muitos, é campo em que existe a construção de todos. Com a evolução do *self*, à medida que a pessoa caminha rumo ao campo social, há a necessidade de que o indivíduo possa articular, ao mesmo tempo, a vida privada e a vida social, para encontrar, no campo social, inserções que preservem o seu estilo de ser e a sua história. É o momento da participação na sociedade por meio do trabalho, do discurso, da obra, da ação política, ou seja, *da capacidade criativa acontecendo no mundo com os outros*. Pela ação criativa no mundo, o Homem colabora com a durabilidade do mundo e com o processo histórico da sociedade.

Nossa cultura manifesta-se, na atualidade, de uma maneira que já não mais reflete a medida humana. Recriar o mundo e o campo social torna-se mais complicado, pois, pela invasão da técnica como fator hegemônico da organização social, o ser humano só mais raramente encontra a medida do seu ser, que permita o estabelecimento do objeto subjetivo a cada um dos níveis de realidade para a constituição e o devir de seu *self*.

Na atualidade testemunhamos, em nossa clínica, inúmeras formas de sofrimento psíquico decorrentes de fraturas da cidadania, estilhaçamentos da ética, fenômenos que se encontram na literatura psicológica e social debaixo da categoria de *exclusão social*.

O fenômeno da exclusão social acontece de inúmeras maneiras: econômica, social, cultural. Testemunhamos em nosso meio, como parte desse processo, inúmeras pessoas, vivendo em situações de grande sofrimento sem dispor de possibilidades para encontrar a ajuda necessária ao seu tipo de padecimento. É urgente que possamos contar com práticas clínicas de qualidade e que tenham sido desenvolvidas em meio ao rigor demandado pela comunidade científica, para que possam ser inseridas em políticas públicas de saúde mental.

A Psicoterapia Breve encontra-se entre as modalidades terapêuticas que melhor podem contemplar os sofrimentos psíquicos que surgem na atualidade. Trata-se de uma prática que tem sido utilizada há muitos anos e é um campo de intervenção clínica com grande quantidade de trabalhos originados de pesquisas que procuraram investigar as suas possibilidades e limites.

Mauro Hegenberg vem estudando e praticando a Psicoterapia Breve há muitos anos. Ele tem sido um dos profissionais responsáveis pelo seu uso em instituições públicas, além de ter ensinado essa modalidade de trabalho clínico para muitos profissionais no campo da saúde mental. Mauro é detentor de um saber respeitável nessa área e vem agora nos ofertar esse livro, que é resultado de suas reflexões e pesquisas com a prática da Psicoterapia Breve. Esse trabalho é muito bem-vindo, para auxiliar aqueles que se deparam com a necessidade de adentrar-se no campo da Psicoterapia

Breve e que veem nela uma possibilidade legítima de intervenção clínica. Uma grande qualidade desse livro é o fato de Mauro abordar o tema com sua peculiar didática, tornando o texto mais palatável, mesmo abordando conceitos complexos que norteiam essa modalidade de atendimento clínico.

O texto de Mauro possibilita que compreendamos a Psicoterapia Breve não só como uma prática que auxilia no tratamento dos sofrimentos psíquicos do paciente, mas também como um modo de se estar eticamente posicionado diante dele. O atendimento clínico adequado ao paciente, ao mesmo tempo em que lhe ajuda a superação de sofrimentos paralisadores, lhe dá, também, a oportunidade de encontrar ou reencontrar o olhar que lhe devolva a dignidade necessária ao seu percurso pela existência. Convido o leitor a percorrer o texto, certo de que encontrará reflexões fecundas para o exercício da psicoterapia em instituição ou consultório particular.

Gilberto Safra

Apresentação

O primeiro curso de *Psicoterapia breve* que ministrei teve início 1988 e foi até 1994, graças a um Convênio entre o *Departamento de psicanálise* do Instituto Sedes Sapientiae e a Secretaria de Estado da Saúde. Além deste curso, tive experiências com a Rede Pública, na condição de supervisor de ambulatório de Saúde Mental, de professor do Curso de *Psicoterapia breve* em Botucatu/SP (1989) e do curso de *Psicoterapia breve* para o Centro de Estudos do Hospital do Mandaqui (1996 e 1997). Como palestrante, estive em Jornadas de Saúde Mental no Estado de São Paulo em Piracicaba (1989), em São José do Rio Preto (1990) e em Mogi-Mirim (1990). Ainda como palestrante, sempre discorrendo sobre o tema da Psicoterapia Breve, estive na PUC de Campinas (1991), no Congresso Brasileiro de Psicologia Hospitalar (1994), no Hospital do Servidor Público Estadual (1996), na Sociedade de Cardiologia do Estado de São Paulo (1996) e na Unicamp (desde 1999).

O curso de *Psicoterapia breve psicanalítica* no Instituto Sedes Sapientiae teve início em 1988 e continuo como professor convidado do Serviço de assistência psicológica e psiquiátrica (SAPPE), da UNICAMP, desde 1999. O Núcleo de atendimento e pesquisa da conjugalidade e da família (NAPC) da

Clínica do Instituto Sedes Sapientiae funciona desde 1999 e atendeu mais de 1.200 casos clínicos, com trabalho em psicoterapia breve, com pacientes individuais, casais e famílias. Este núcleo de pesquisa deu origem ao curso *Psicoterapia psicanalítica de casal de família*, em operação desde 2009.

Esse contato com alunos e com profissionais da Rede Pública, o trabalho como psiquiatra no Hospital do Servidor Público Estadual (1981 a 1984) e, durante quinze anos (1983 a 1997), como triador de adultos da Clínica Psicológica do Instituto Sedes Sapientiae, marcaram um olhar voltado para o trabalho com pacientes para os quais não era mais possível o divã, com várias sessões semanais e sem tempo estabelecido para o término da terapia.

Ao longo destes anos de estudo e prática em psicoterapia breve, apropriei-me das propostas de alguns autores, dentre eles, Edmond Gilliéron, com quem fiz minha especialização em psicoterapia breve em 1991-1992 na Policlinique Psychiatrique Universitaire, da Faculdade de Medicina de Lausanne, Suíça. Dele, utilizo a manutenção das associações livres, da atenção flutuante e da regra da abstinência no desenrolar da psicoterapia breve. Para Gilliéron, uma sessão de psicoterapia breve não se diferencia de uma sessão de análise clássica – o que se modifica é a relação entre paciente e terapeuta, na medida em que o limite de tempo se institui; além da mudança do divã para o face a face e da focalização. E isso muda tudo.

Não compartilho com Gilliéron (1983/1986) quando ele utiliza a teoria da comunicação. Gilliéron, baseando-se na teoria freudiana, precisa de outro paradigma para deslocar-se do *one-body psychology*[1] e dar conta da interação que

---

[1] Laplanche e Pontalis (1970), no verbete sobre relação de objeto, salientam que M. Balint sustentou a ideia de que existia em psicanálise um afastamento entre uma

ocorre na relação psicoterápica. Por isso, ele precisa da teoria da comunicação,[2] enquanto eu prefiro manter-me na psicanálise e basear-me na teoria de Winnicott.

Balint e Malan são referências obrigatórias na proposta de utilização das interpretações transferenciais e do limite de tempo para a psicoterapia breve. Abro mão da clássica proposta de negligência e atenção seletivas do trabalho focal de Malan, preferindo concordar com Gilliéron e optar pelas associações livres.

Se Freud é a base de tudo, com Ferenczi se aprende a importância da prática, a necessidade de olhar para a contratransferência, a preocupação com a relação terapêutica, a possibilidade de variação do enquadre.

Winnicott aponta para a realidade na relação terapêutica, a construção de um espaço único entre o par analítico (o espaço potencial na sessão, que Ogden denomina "terceiro analítico").

Ao longo do livro, esses e outros autores serão apresentados, com a intenção de abrir o campo de conhecimento para o estudioso que se inicia no tema e também para posicioná-lo

---

técnica fundada na comunicação, nas relações de pessoa a pessoa, e uma teoria que permanecia uma *one-body psychology*, ou seja, uma teoria em que os conceitos psicanalíticos se referem ao indivíduo só, ao intrapsíquico (p. 576).

2   Gilliéron (1983/1986) considera que a teoria psicanalítica descreve essencialmente um funcionamento intrapsíquico (p. 36) e atribui à teoria dos sistemas e da comunicação (p. 37) a natureza das interações entre terapeuta e paciente. A unidade não é mais o indivíduo, mas um conjunto composto pelo paciente e pelo terapeuta. As trocas entre eles são consideradas mensagens ou comunicações e não como forças ou quantidades. Paciente e terapeuta influenciam-se mutuamente. Gilliéron discorre sobre o princípio da totalidade em que a soma das partes é superior à adição delas; sobre o princípio da organização em que a homeostase por autorregulação é mantida pelas respostas negativas dadas aos comportamentos transgressores das regras; sobre a hierarquia, na qual o indivíduo é considerado um subsistema da sociedade; sobre o princípio da adaptação com a elaboração de novas regras de funcionamento baseadas no modelo cibernético que permite mudanças e não apenas causalidades lineares (p. 38 até 42).

dentre a variedade de autores e textos que existem no estudo da psicoterapia breve.

Esse trabalho se propõe a defender a validade da psicoterapia breve no campo psicanalítico. Ele é apresentado de forma didática, pois, além de apresentar minhas reflexões sobre o tema, também pretende dar uma contribuição para aqueles que iniciam estudos nessa área.

Observação

Utilizo indiscriminadamente as palavras "cliente" e "paciente". Não desconheço as críticas ao termo "paciente". Por outro lado, o conceito tem seu lado positivo, pois lembra tratamento, e uma psicoterapia não se dispõe apenas à investigação, mas implica também em mitigar o sofrimento do demandante de ajuda.

Além disso, é preciso, sim, ser "paciente" para esperar resultados que nem sempre são imediatos; "paciente" para escutar algumas impropriedades que muitos de nós proferimos diante de nossos clientes; "paciente" para pagar honorários caros e por longo tempo; "paciente" para esperar alguns terapeutas que atrasam minutos ou horas a consulta; "paciente" para sofrer e aguardar que a terapia surta algum efeito.

Mesmo no ato médico, ninguém é passivo. Até em uma sala de cirurgia, anestesiado, o paciente está ativamente, com todo seu corpo, atuando no sentido de auxiliar ou dificultar as ações do cirurgião. Paciente nenhum é passivo, menos ainda em uma psicoterapia.

Paciente, mesmo impaciente, tem de ter paciência. E ele é sempre ativo, mesmo na espera.

1
A psicoterapia breve na clinica contemporânea

Nenhuma análise é igual à outra. Os terapeutas não trabalham todos de igual maneira, nem é razoável supor que todos os pacientes devam ser tratados da mesma forma. Embora tais afirmações pareçam óbvias, na prática a tendência é cada terapeuta defender seu modo próprio de trabalhar, considerando-o, em geral, o mais adequado a todos os pacientes.

O longo tempo de formação e as dificuldades inerentes ao conhecimento e ao aprofundamento em uma teoria qualquer, as questões financeiras, de poder e de prestígio, são fatores que tornam compreensível que alguém se limite a trabalhar com apenas uma abordagem específica de psicoterapia, ao longo de toda a sua vida. O exagero instaura-se quando se considera o modo pessoal de trabalho como o "melhor e único", passando-se a defendê-lo religiosamente.

No início da psicanálise, Freud (1912/1969), em seu artigo "Recomendações aos médicos que exercem a psicanálise", escreveu:

Devo, contudo, tornar claro que o que estou asseverando é que esta técnica é a única apropriada à minha individualidade; não me arrisco a negar que um médico constituído de modo inteiramente diferente possa ver-se levado a adotar atitude diversa em relação a seus pacientes e à tarefa que se lhe apresenta (p. 149).

Exemplificando, segundo Gay (1989), Ferenczi, nascido em Budapeste em 1873, perdeu o pai muito cedo e tinha dez irmãos com quem dividir a mãe, tendo então se sentido dolorosamente privado de afeto ao longo de toda a sua existência. Este fato marcou sua vida pessoal para sempre e é de supor que tenha também influenciado seu modo de ver a psicanálise. Teria ele amado e se deixado amar pelos seus pacientes, se sua história fosse outra?

À história de vida, acrescente-se a enorme variedade de autores que podem ser estudados, as diferentes possibilidades de análise pessoal e supervisões, obtendo-se uma gama de variações que, enfim, tornarão qualquer analista diferente dos demais.

Se isso vale para o analista, deve valer também para o paciente. Será que todos os pacientes se beneficiariam de maneira semelhante com um mesmo tipo de tratamento? É possível supor que diferentes pacientes, com demandas e necessidades díspares, se beneficiem de propostas diversas? A psicoterapia breve não poderia ser uma dessas formas de psicoterapia?

A psicoterapia breve pode se dar em algumas sessões ou em alguns meses, pode ser psicanalítica, egóica, psicodramática, comportamental-cognitiva, pode ser de caráter individual, casal, grupal, familiar, pode ocorrer em consultórios, hospitais, instituições diversas, pode ser destinada a crianças, adultos, idosos, por exemplo.

Discorrer sobre psicoterapia breve alberga outra questão inevitável: o preconceito. Desde a virada dos anos vinte, do século XX, a partir da polêmica divergência entre Freud e Ferenczi a respeito da reação terapêutica negativa, a psicanálise passou a considerar desaconselháveis as variações do enquadre. A partir daí, quem deseja trabalhar com psicoterapia breve tem de se debater sempre com a questão da superficialidade e com o problema dos resultados.

A psicoterapia breve, sob o olhar sisudo da psicanálise clássica, é obrigada a se justificar continuamente, enquanto o tratamento-padrão (divã, várias sessões semanais e tempo ilimitado de terapia) é considerado tão "natural" que poucos ousam questioná-lo ou se atrevem a considerá-lo inadequado.

Psicoterapia passou a ser sinônimo de processo com tempo razoavelmente longo. Se o prazo é menor (menor em relação a quê?), parece que algo se perdeu, o psicoterapeuta pode ficar inseguro, sente a obrigação de se justificar. Profundidade é confundida com temporalidade. Será que psicoterapias longas são necessariamente profundas? Por que uma psicoterapia breve ou uma única sessão não podem ser profundas? Qual o conceito de profundidade que se utiliza? Existiria apenas um modo de se considerar profunda uma psicoterapia?

Quando, em "Análise terminável e interminável" (1937/1969), Freud afirma que "o limite de tempo é eficaz, desde que se acerte com o tempo correto para ele" (p.250), está deslizando em terreno complicado. O que significaria eficaz? Existiria um tempo correto? Eficaz e correto em relação a quê? A psicanálise não é afeita a conceitos de eficácia e de certo e errado. Eficaz e correto albergam em si a concepção de resultado; e a psicanálise não se propõe a ser avaliada em termo de resultados.

Na sequência da mesma frase, Freud (1937/1969) diz: "Não se pode garantir a realização completa da tarefa" (p. 250). Mais uma vez, a situação se complica. O que seria essa "realização completa?". Por acaso, uma análise de dez, ou cinquenta anos, garantiria uma tarefa completa?

Mesmo após a morte, há que se limpar o cadáver e enterrá-lo; além disso, a obra do falecido e sua memória continuam vivas, para o comum dos mortais, pelo menos por duas ou três gerações. Não parece lógico pensar em tarefa completa em relação ao ser humano, muito menos quando se cogita de psicoterapias. Em geral, quando falta lógica, há outras razões disputando espaço.

A insistência de Freud em não aceitar as modificações no enquadre se deveu à sua disposição de defender a psicanálise dos diversos ataques de que foi alvo, ao seu pouco interesse pela clínica e à sua preferência em relação à teoria (Haynal, 1987).

Além destas razões, pode-se pensar que Freud, em sua genialidade, era modesto em relação à psicanálise. Embora tenha lançado as bases para o trabalho com os psicóticos e com os *borderlines*, acreditava que a psicanálise era indicada apenas para os neuróticos.

Na ocasião da polêmica com Ferenczi (por volta de 1920), Freud estava saindo das agruras da Primeira Guerra Mundial (1914-18), estava tentando defender a psicanálise dos ataques da época (sexualidade infantil, por exemplo), e querendo manter unidade em torno de sua teoria e de uma "Sociedade de Psicanálise" que pudesse ter algo em comum em vários países. Ao lado disso – com quase 70 anos e com câncer – é natural que ele não tivesse disposição para mudanças profundas na sua forma de trabalhar.

Acredito que Freud, olhando hoje para sua obra, ficaria orgulhoso ao vê-la como instrumento útil no trabalho com psicóticos, *borderlines*, utilizada de uma forma diferente do tratamento-padrão (várias sessões semanais, prazo ilimitado e divã). Naquela década de vinte, no entanto, um sobrevivente da guerra (ver *Freud*, biografia escrita por Peter Gay, publicada 1989), com idade em torno dos 70 anos, que não apreciava a clínica tanto quanto gostava da teoria, tendo de defender a psicanálise de diversas formas, desejando-a científica e não subjetiva, mui justificadamente se oporia a Ferenczi (que estava, por exemplo, propondo mudanças importantes com respeito à contratransferência) e às suas tentativas de modificação da técnica.

A partir daí, a psicanálise passa a olhar de modo preconceituoso as modificações em sua maneira de trabalhar. A "técnica ativa", de Ferenczi, e suas críticas relativas à análise que realizou com Freud reforçaram o preconceito. O livro de Alexander e French (1946), *Psicoterapia psicanalítica*, completou o quadro para a psicanálise não aceitar a Psicoterapia Breve como uma das formas possíveis de trabalho psicanalítico.

Se por um lado a psicoterapia breve precisa escapar do preconceito que a envolve, por outro, não pode ser vista como panaceia, como solução de todos os problemas modernos, até porque, facilmente, ela se pode inserir na pressa e na superficialidade da vida atual. O ser humano, na virada de século, encontra-se sem tempo ou dinheiro para uma psicoterapia longa e nem vê sentido em uma proposta terapêutica sem objetivos claros e imediatos. Se a psicoterapia breve responder irrefletidamente a essa demanda pela pressa e pela superficialidade, ela é passível de críticas severas.

A Psicanálise, sem prazo definido, caminha na contramão do atual momento histórico, e por isso mesmo deve ser respeitada. Ficar quatro ou cinco vezes por semana deitado em um divã, "conversando" com alguém, é um exercício ímpar que destoa de nossa atual óptica consumista e apressada.

Tudo o que é sólido desmancha no ar (Berman, 1982) é o título (retirado do *Manifesto comunista*, de Marx e Engels) de um livro que mostra como as coisas não se fixam em nosso mundo voltado para o consumo rápido e para a superficialidade. Consome-se e troca-se rapidamente de produto, não há tempo para maturação, não há tempo para reflexões, o ócio não é permitido. Os valores são rapidamente consumidos e substituídos por outros que serão logo desmanchados. O trabalho contínuo de construção e desconstrução é exigência da modernidade e se insere perfeitamente no modo de produção capitalista. A modernidade exige velocidade. A intimidade mal se estabelece e logo há necessidade de trocar de assunto, de família, de trabalho, de canal de TV. Um diálogo que proponha questionamentos não tem lugar porque não há argumentos, não há repertório para muito tempo de reflexão.

Justificar a psicoterapia breve a partir desses argumentos é uma alternativa lamentável, porque aí sim ela se constitui com base na superficialidade. Mas a psicoterapia breve não precisa fluir dessa maneira, ela pode ser de curta duração e profunda, pode ser breve no tempo e duradoura em seus efeitos.

Qual a justificativa para a indicação de psicoterapia breve? Para que fazer uma psicoterapia com tempo limitado se a possibilidade de uma terapia longa também existe? Se a terapia longa é mais profunda e eficaz, por que então a psicoterapia breve?

A psicoterapia breve tem sempre de se justificar. Quem trabalha com psicoterapia breve passa a vida tendo de convencer os outros de que esse tipo de intervenção é plausível.

Por que não inverter as perguntas? Por exemplo: qual a vantagem de fazer uma terapia longa se uma breve é tão profunda e tão eficaz quanto?

Qual trabalho científico sério teria provado a eficácia de uma psicanálise longa e a ineficácia de uma psicoterapia breve psicanalítica? Quais critérios seriam utilizados para um estudo desse tipo?

Os adeptos da terapia comportamental-cognitiva realizam diversos estudos mostrando eficácia em relação à supressão dos sintomas, e os psicanalistas vivem dizendo que os sintomas retornam depois de algum tempo, com outras formas. Em todo caso, o sintoma não é, para os psicanalistas, bom critério para medir resultados. Qual seria?

Uma análise de cinco anos é mais proveitosa que uma psicoterapia breve psicanalítica de um ano? Cabe lembrar que os pacientes que estão comigo há mais de cinco anos em análise muito me encantam, pela possibilidade de descoberta infinita, pelo aprofundamento de questões sempre interessantes, pelas mudanças importantes em suas vidas, pelo meu trabalho que aparece vivamente. Por outro lado, confesso não saber responder à pergunta que inicia o parágrafo. Faltam-me elementos para tanto. Há psicoterapias breves gratificantes e perceptivelmente importantes na vida das pessoas.

Se o psicanalista se recusa a aceitar critérios considerados "pseudo-objetivos" como medida de sucesso ou fracasso de uma psicanálise, baseado em que ele passa a considerar a psicoterapia breve como superficial ou "ineficaz?".

Em minha clínica particular, por volta de 20% do meu tempo é dedicado à psicoterapia breve psicanalítica e 80% à psicanálise sem prazo definido a princípio. O trabalho pontual e limitado da psicoterapia breve ensina-me a ter a paciência e a dedicação necessárias para compartilhar com meus pacientes o longo caminho de uma análise. Um trabalho complementa o outro, eles são excludentes apenas quando se instaura o preconceito.

No início da psicanálise, Freud e seus seguidores necessitavam de bastante tempo com seus pacientes para poder aprender com eles. Cada cliente era um laboratório vivo, com novidades advindas de uma experiência sem precedentes. Será que, atualmente, não há uma experiência acumulada, permitindo compreender o paciente de maneira mais rápida? Será que os terapeutas de hoje, a partir de leitura de 100 anos de teoria, supervisão e observação de outras psicoterapias não seriam capazes, em menor tempo, de se apropriar de um saber que os pioneiros da psicanálise adquiriram percorrendo um caminho tão árduo?

Sabe-se que experiência é fundamental na vida. Em psicanálise, ela é imprescindível para possibilitar ao jovem profissional tornar-se um terapeuta competente. Mesmo assim, há um saber acumulado. O conhecimento de psicopatologia, do transcorrer de uma sessão, da noção de transferência/contratransferência, da importância da interpretação e da experiência/vivência na análise, são maiores hoje do que no tempo de Freud. Estas questões não estariam mais claras hoje do que estavam para Freud? Será possível que nada se aprendeu? Muitos psicanalistas agem como se nada se houvesse alterado em cem anos de estudo e trabalho.

Será que essa teoria acumulada não permitiria uma compreensão mais aguda de um paciente em menor tempo do que o tempo requerido pelos pioneiros da psicanálise? Será que um terapeuta sensível, estudioso, com análise pessoal e supervisão, não é capaz de compreender seu paciente em menos tempo do que se exigia em 1920?

Atualmente é possível oferecer-se uma terapia mais focalizada e pontual, diferentemente do que ocorria há cem anos. Para que submeter um paciente que não a deseja, a uma análise longa e indefinida, se há possibilidade, em alguns meses, de estar de posse de um conhecimento sobre ele mesmo que propicie maior compreensão de si, com elaboração suficiente para sentir-se mais inteiro e viver uma vida com mais sentido?

A partir de 1968 (feminismo) e 1989 (queda do muro de Berlim), a identidade do ser humano no mundo globalizado deixou de ser estável. Família, trabalho, valores, hábitos, tecnologia, tudo se altera em velocidade acentuada.

Faria mais sentido, no mundo atual, fazer várias psicoterapias breves, nos vários momentos diferentes de uma pessoa, do que uma análise única? Uma pessoa qualquer estaria preparada para tantas transformações, mesmo com vários anos de análise? Alguém com 40 anos de idade (ou 50, não importa), depois de vinte anos de análise, que venha a sofrer uma separação, ou perda de emprego e função, prescindiria de voltar para outra terapia?

Na minha clínica pessoal, recebo cada vez mais pacientes com muito tempo de análise anterior, para uma nova terapia, em função de modificações em sua vida atual, fato comum hoje em dia.

Não seria esse um possível indicador de que várias terapias breves poderiam ser interessantes, em diversos momentos de vida, vida que se altera constantemente em nosso mundo atual? Várias terapias breves poderiam substituir com vantagens uma análise longa, em função das aceleradas mudanças no estilo de vida do ser atual? A psicoterapia breve poderia ter como objetivo dar conta da velocidade das transformações às quais a pessoa é obrigada a se submeter nos dias de hoje?

Não há mais estabilidade, mesmo aos 50 ou 60 anos de idade. Teríamos, então, que ficar em análise a vida toda? Faz muita diferença ser adolescente, ter 30, 40, 50, 60, 70 anos ou mais. Hoje em dia, uma pessoa de 70 anos não pretende mais esperar a morte ou viver uma vida sem sentido. Será possível que uma análise, mesmo longa, feita na juventude, dê conta de todas as questões do ser humano, em todas as idades? Seria preferível, então, ficar em análise a vida toda, fazer muitas longas análises, ou faria sentido a realização de várias terapias breves em diversos momentos da vida?

Não seria esse um dos objetivos da psicoterapia breve psicanalítica na clínica contemporânea: dar conta da imprevisibilidade e da instabilidade do ser humano no mundo atual, sendo profunda e pontual ao mesmo tempo?

2
A psicoterapia breve no século xx

2.1 Origens

No início da psicanálise, as psicoterapias eram de curta duração. Em 1908, por exemplo, Freud tratou o compositor Gustav Mahler de impotência sexual em quatro horas, conversando com ele à beira de um penhasco. Em 1906, atendeu o maestro Bruno Walter de paralisia do braço direito em seis consultas.

Ferenczi analisou-se com Freud em duas oportunidades, durante três semanas em 1914 e mais três semanas em 1916, então com duas sessões ao dia. Para Ferenczi, o tempo foi curto e ele sempre se queixou de que Freud não analisou os aspectos da transferência negativa, com o que Freud não concordava.

Distante da "ortodoxia" psicanalítica, Freud supervisionou, no caso do "Pequeno Hans", o pai do garoto, no tratamento de fobia do próprio filho e, no caso do "Homem dos Lobos", propôs um prazo para o término do tratamento.

Em relação a Ferenczi, Freud e ele saiam juntos em férias, trocavam confidências e eram amigos.

O tempo passou e Freud viu-se às voltas com dissidências que o levaram a endurecer suas posições em relação à psicanálise, que ele sentia ameaçada (Gilliéron, 1983/1991). Jung, inicialmente considerado por Freud como seu grande sucessor, e Reich, responsável pelos seminários de técnica da "Sociedade de Psicanálise", foram sérias decepções.

Freud, preocupado com a cientificidade da psicanálise, não queria que esta se tornasse uma técnica psicoterápica e passou a discordar de Ferenczi quando ele, afeito ao trabalho clínico, propôs variações técnicas para lidar com casos difíceis.

Em 1920, Freud, com 64 anos, recém-saído da Primeira Guerra Mundial (1914-1918), doente de câncer (GAY, 1989), tendo de sustentar a legitimidade da psicanálise diante de várias críticas, via-se compelido a defendê-la. Pretendia que seu arcabouço teórico fosse reconhecido como científico e não como técnica psicoterápica, acoimada de subjetiva.

Nessa época, a questão mais preocupante era a "reação terapêutica negativa", quer dizer, uma reação paradoxal ao tratamento, constituída por um agravamento dos sintomas, em vez da melhora esperada. Freud já havia tentado adotar medidas práticas, como no caso do *Homem dos lobos*, em 1914, quando determinou um prazo de encerramento para a terapia. Mesmo observando que a pressão do final programado alterou as resistências por parte do paciente, Freud não aceitou atribuir a aceleração do processo à variação do enquadre. Para ele, a esperança de resolver a questão do prolongamento dos tratamentos resultaria, como sempre, de novos conhecimentos teóricos.

É nesse momento que Freud cunha seu conceito de pulsão de morte. Ele modifica sua concepção de conflito entre pulsão sexual e pulsão de autoconservação e introduz a noção de compulsão à repetição (GREEN, 1998/1990). O conflito, então, dar-se-ia entre a pulsão de vida e a pulsão de morte, sendo esta a responsável pelo prolongamento dos tratamentos.

Ao mesmo tempo, em Budapeste (Hungria), Ferenczi, às voltas com casos difíceis, que considerava importante tratar, procurava lidar com eles de outra forma. Enquanto Freud, ao enfrentar dificuldades com os pacientes, propunha um aprofundamento da metapsicologia, Ferenczi preocupava-se com a práxis.

Durante muito tempo, estas posições polarizaram as discussões no movimento psicanalítico. Uma delas, voltada para as pesquisas metapsicológicas, e a outra, de orientação mais psicoterápica, visando aprofundar o estudo da relação terapêutica.

Parece compatível com a personalidade de Freud, que não gostava da clínica (HAYNAL, 1987), sugerir modificações teóricas diante de dificuldades com o paciente. Ferenczi, por outro lado, pessoa afeita ao corpo a corpo da prática clínica, procurou caminho diferente.

Em 1921, no artigo *Prolongamentos da técnica ativa em psicanálise*, Ferenczi propôs, para alguns casos excepcionais, maior "atividade", ou seja, injunções e proibições para o paciente, no intuito de acelerar o processo terapêutico e vencer a reação terapêutica negativa.

O artigo de 1921 foi muito mal recebido pelos psicanalistas e, embora tenha proposto esta fórmula para pouquíssimos casos e mais tarde tenha criticado sua própria colocação, Ferenczi é até hoje, em função da "técnica ativa", lembrado e mal compreendido.

Em 1925, Ferenczi e Rank publicaram *Perspectivas da psicanálise*, em que discutem a experiência emocional do paciente no processo psicanalítico, criticando o exagero da compreensão intelectual na análise por meio das reconstruções genéticas. A questão principal não seriam as lembranças, mas a vivência dos conflitos do cliente na relação transferencial. Eles acreditavam que essa abordagem poderia abreviar o tempo da análise, porque a rememoração do infantil na história do paciente não seria necessária em todos os seus detalhes.

Ferenczi faleceu em 1933, com problemas neurológicos causados por falta de vitamina B. Na época, acharam que ele estava louco, o que auxiliou a desqualificar a sua obra. Suas contribuições à psicanálise só puderam ser recuperadas após a morte de Freud.

Foi Balint, na década de 1950, que passou a divulgar os ensinamentos de Ferenczi e a utilizar seus escritos no trabalho que desenvolvia na *Tavistok Clinic*, na Inglaterra. Apesar disso, as resistências continuavam. Para se ter uma ideia, o *Diário clínico*, de Ferenczi (1932), foi publicado apenas em 1985, tal o preconceito para com o autor.

Ferenczi, por ter aprofundado o processo de discussão e questionamento da técnica psicanalítica, propondo diversas variações do enquadre clássico do tratamento padrão, pode ser considerado o precursor da psicoterapia breve.

Freud faleceu em 1939 e deixou a psicanálise estabelecida como disciplina reconhecida em vários países do mundo. Após a *Segunda Guerra Mundial* (1939-1945) aumentou o interesse e o número de casos atendidos em psicoterapia.

Em 1941, em Chicago, sob influência de Alexander, ocorreu o primeiro congresso destinado à Psicoterapia Breve.

Franz Alexander, de Chicago, escreveu, com Thomas French, em 1946, o livro *Psichoanalytic therapy*, no qual propõe modificações da técnica padrão. O trabalho de

Alexander e French foi apresentado como uma modificação da psicanálise ortodoxa e não como um método de terapia breve, o que atraiu, na época, uma onda de hostilidades, caindo em descrédito.

As variações técnicas propostas surgiram em um momento em que a psicanálise estava se fortalecendo, após a morte de Freud, e não estava preparada para sofrer grandes modificações.

Em 1956, Alexander voltou a ratificar suas posições em novo livro.

2.2 A partir de 1950

De 1950 a 1960, as necessidades da população e as situações de crise passaram a fazer parte das publicações dedicadas ao assunto. O psicodrama e a terapia comportamental ganharam espaço nessa época, mas meu interesse, no presente texto, é a psicoterapia de orientação psicanalítica.

O livro A *psicoterapia focal* (1972), de Balint, foi publicado após sua morte e retrata um caso clínico atendido por ele de novembro de 1960 a fevereiro de 1962, relatando 27 sessões detalhadamente, além de acompanhamento do caso até 1968. Balint foi fundamental na história da psicoterapia breve. Recuperando o trabalho clínico de Ferenczi, em 1954, Michael Balint reuniu, na Tavistok Clinic, em Londres, um grupo de psicoterapeutas, que atendeu 21 pacientes até 1958, tendo ficado a cargo de um dos membros da equipe, David Malan, em 1963, a publicação dos resultados – reunidos no livro intitulado *Um estudo de psicoterapia breve*.

Em 1958, Peter Sifneos, em Boston, publica um artigo sobre Psicoterapia Breve e, a partir de 1965, passa a publicar com maior frequência. Em 1972, surge seu livro *Psicoterapia Breve e crise emocional*, seguido de outras publicações. Sifneos é hoje um dos mais importantes autores de psicoterapia breve, tendo vindo ao Brasil em 1990, 1991 e 1993.

Em 1965, Bellak e Small escreveram *Psicoterapia breve e de emergência*. Em 1970, Lewin publicou *Brief encounters, brief psychotherapy*.

Na Argentina, em 1970, Kesselman escreveu *Psicoterapia breve*, e Fiorini publicou seu clássico *Teoria e técnica de psicoterapias*, em 1973.

Também em 1973, Mann publicou *Time-limited psychotherapy*, e Davanloo, em 1980, *Short-term dynamic psychotherapy*.

Em Lausanne, Suíça, em 1983, Gilliéron escreveu *As psicoterapias breves* e *Introdução às psicoterapias breves*. Em 1993, publicou *Manuale di psicoterapia analítica breve*. Seguiu-se *A primeira entrevista em psicoterapia*, em 1996 e *Manual de psicoterapias breves*, em 1997. Gilliéron, ao lado de Sifneos é, hoje, um dos autores vivos mais importantes da Psicoterapia Breve. Esteve no Instituto Sedes Sapientiae em 1994, em um seminário que durou três dias. Voltou ao Brasil em 1995, proferindo palestras no Rio de Janeiro e em São Paulo, na Universidade São Marcos, que voltou a visitar em 1996.

Em 1984, na Argentina, Braier escreveu *Psicoterapia breve de orientação psicanalítica*, um texto que oscila entre um trabalho egóico e psicanalítico. No Brasil, Lemgruber, do Rio de Janeiro, em 1984, publicou *Psicoterapia breve – a técnica focal*, e mais dois livros, divulgados em 1995 e 1997.

Em 1986, Knobel, de Campinas, publicou *Psicoterapia Breve*. Yoshida, de São Paulo, em 1990, escreveu *Psicoterapias psicodinâmicas breves e critérios psicodiagnósticos*. Caracushansky, de São Paulo, em 1990, publicou *A terapia mais breve possível*, e Lowenkron, do Rio de Janeiro, escreveu *Psicoterapia psicanalítica breve*, em 1993.

2.3 Vertentes da psicoterapia breve psicanalítica

Existem alguns autores fundamentais para o estudo da psicoterapia breve psicanalítica nos quais baseio meu trabalho. Entre eles, Ferenczi, Malan e Gilliéron. Além destes, para efeito comparativo, cabe salientar alguns outros nomes importantes no cenário da psicoterapia breve psicanalítica.

Alexander e French

Alexander e French (1946) propuseram variações no enquadre da psicanálise clássica: diálogos de caráter diversificado e não apenas associações livres, frequência das consultas variável conforme a necessidade, sugestões na vida cotidiana do paciente, utilização de experiências da vida real e manejo da transferência de acordo com o caso. Em suma, o planejamento, a flexibilidade do terapeuta, o manejo da transferência e do ambiente, a eficácia do contato breve e a importância da realidade externa foram os temas desenvolvidos por estes autores.

No livro, eles introduzem a noção de *"experiência emocional corretiva"*, segundo a qual não é a recordação que cura um paciente, mas, sim, a vivência de uma nova experiência emocional de forma que corrija a antiga vivência traumática. Esta nova experiência ocorre na relação transferencial, e o terapeuta visa deliberadamente tal correção, mas também pode ocorrer em função de novas experiências da vida, segundo eles.

Ferenczi já se referia à importância da experiência, da vivência na relação terapêutica como forma de tratamento, contrapondo-se a Freud – que enfatizava a recordação e a construção. A diferença é que Alexander propõe corrigir intencionalmente uma experiência traumática, o que Ferenczi não admitiria. Alexander, ao ser mais ativo, entende que o paciente precisa de um terapeuta melhor, ou, pelo menos, diferente dos pais, enquanto Ferenczi, em sua técnica ativa, propunha que o paciente se confrontasse com ele mesmo.

Malan

Malan foi aluno de Balint e iniciou na Tavistok Clinic, em Londres, seus estudos em psicoterapia breve em 1954. Essa intervenção foi denominada *terapia focal* (Balint, 1972).[3]

Malan (1981) realizou estudos catamnésticos (acompanhamento após a alta) com vários pacientes, e chegou a um modo de trabalhar baseado em uma hipótese psicodinâmica de base explicativa da problemática principal do paciente, em interpretações transferenciais explicitadas no triângulo de *insight* de Menninger (relação primitiva, relação atual e relação transferencial), na posição face a face, no cuidado com o término da terapia (em geral o terço final é destinado à alta), no tempo limitado da psicoterapia breve colocado desde o início, na proposta de atenção e negligência seletivas voltadas para o foco, com número de sessões variando de 30 a 40. Seu estudo, por ser cuidadoso e detalhado, o torna um autor a ser lido e estudado com atenção.

---

3   Os termos "conflito focal" e "conflito nuclear" foram descritos pela primeira vez por French nos anos 1950. Balint escreveu um livro que se chama *Psicoterapia focal* e popularizou o termo.

Malan mostrou, por meio de pesquisas, que mudanças duradouras são possíveis mesmo em pacientes com problemas graves de personalidade, independentemente da antiguidade ou da profundidade das perturbações.

Para ele, os fatores de bom prognóstico de uma psicoterapia breve têm a ver com possibilidade de focalização, motivação do paciente e natureza das interpretações ligando os movimentos transferenciais às imagos parentais.

Concordo com Malan no que diz respeito à fixação de um prazo para o término da psicoterapia breve, à importância da interpretação transferencial e da avaliação imediata da problemática principal do cliente, à utilização do face a face. Discordo, porém, em relação à atenção e negligência seletivas, preferindo nesse caso, acompanhar Gilliéron com sua proposta das associações livres. A fixação de 30 a 40 sessões não é necessária, a meu ver, podendo variar para cada paciente, dentro do espaço de no máximo um ano.

Gilliéron

Gilliéron (1983/1991), um dos autores de referência de meu trabalho, faz um estudo da importância do enquadre na Psicoterapia Breve, discutindo como o término pré-fixado da terapia influencia o conjunto terapeuta-paciente. Gilliéron segue Malan ao considerar importante determinar com precisão a data da última sessão. Diferentemente de Malan, Gilliéron propõe seguir o livre curso das associações de seus pacientes, contrariando a proposta de atenção e negligência seletivas.

Gilliéron (1998), em função de acreditar que a psicanálise insiste em falar do indivíduo, apesar de Winnicott e de Khan (1988/1991), agrega ao seu arsenal teórico da psicoterapia breve a "teoria sistêmica", pois considera a relação interpessoal fator importante para a compreensão da psicoterapia breve.

Prefiro, para dar conta da mesma questão, permanecer na seara psicanalítica, e apoiar-me em Ferenczi e Winnicott. Minha concepção leva em conta a pessoa real do analista na realização do diagnóstico (sua reação emocional), enquanto Gilliéron (1996), embora fale em campo relacional, acredita que "toda relação com o outro fundamenta-se numa imagem que o sujeito tem de si mesmo (narcisismo)" (p.161).

Meu estudo afasta-se do diagnóstico de personalidade utilizado por Gilliéron. Descrevo três tipos de personalidade (capítulo 3), baseado em Freud (1931/1969) e em Bergeret (1974/1985). Embora também o cite como referência, Gilliéron (1998, p.83), ao abordar as "características relacionais fundamentais", distancia-se (p.90) da concepção de Bergeret de maneira diferente da minha.

No presente trabalho, as *quatro tarefas* – um esquema de abordagem inicial do paciente – têm algo em comum com as quatro sessões de Gilliéron (1983/1991). Uma das diferenças implica em que as quatro tarefas procuram discriminar quais são as noções importantes a serem integradas nas primeiras sessões, ou seja, a crise, o foco, a demanda, a indicação, o que não fica explícito em Gilliéron (1983/, 1991). A realização de um diagnóstico de personalidade ligado ao conflito gerador da demanda, a intervenção precoce (seguindo Malan), a elaboração da interpretação inicial nas sessões seguintes, a decisão sobre a continuidade na quarta sessão, apontam as semelhanças.

Sifneos

Sifneos (1972) tem um trabalho com base na teoria psicanalítica. Ele só indica para *psicoterapia breve provocadora de ansiedade* (STAAP, como ele a denomina, para diferenciar de uma *psicoterapia breve de apoio*, que aliviaria tensões), pacientes com problemática edípica. Na psicoterapia breve provocadora de ansiedade, recorre-se a confrontações, esclarecimentos e perguntas passíveis de provocar ansiedade, estimulando a introspecção do cliente. Sifneos é ativo, adquire uma postura pedagógica diante de seu paciente, o que fica evidente nas descrições de caso que apresenta em seus livros (por exemplo, 1993) e vídeos.

Seus critérios de seleção são estritos. A motivação é um dos elementos-chave para a indicação e bons resultados. Ele estabelece o foco edípico e centra seu trabalho nessa questão, não seguindo o curso das associações do paciente, como faria um psicanalista.

Em geral, o processo de terapia varia de doze a dezoito sessões, e o problema focal centrado (não se deve desviar do alvo terapêutico) pelo terapeuta precisa ser rapidamente concluído, antes que a neurose de transferência se instale.

Fiorini

Fiorini (1978) deixa claro o que se pode considerar um trabalho egóico com base teórica psicanalítica, ao qual ele denomina *psicoterapia de esclarecimento*. O papel docente (pedagógico) do terapeuta coloca-o em um lugar de saber, o que difere da postura psicanalítica.

O trabalho proposto é predominantemente cognitivo, com duração de 3 a 6 meses, voltado para o futuro e para a realidade factual (social) do cliente, com o terapeuta mais ativo, com atenção voltada para o foco, usando interpretações transferenciais apenas para diluir obstáculos, pretendendo fortalecer áreas livres de conflito. Na psicoterapia breve de Fiorini, o manejo das sessões, a indicação de livros e filmes, a sugestão de conduta (viagens, falar com alguém sobre algum assunto fundamental para o problema do paciente em questão), tende a um contexto de discriminação e esclarecimento em que o *insight* abre espaço para a experiência emocional corretiva.

3
Definição

Em *Retrato de Dorian Gray* (1890/1998), Oscar Wilde, no diálogo que Lorde Harry mantém com uma duquesa, escreve:
"– Que me diz da arte?
– É uma doença.
– O amor?
– Uma ilusão.
– A religião?
– Um sucedâneo elegante da fé.
– Você é um cético, Harry.
– Qual! O ceticismo é o príncipe da crença.
– Que é você, então?
– Definir é limitar.
– Dê-me um fio, um indício.
– Os fios arrebentam. E você se perderia no labirinto" (p. 192).

Definir é limitar. Sem labirintos não há procura.

É preciso que duas condições básicas estejam preenchidas para que um encontro qualquer possa ser chamado de psicoterapia. Primeira, que o profissional utilize a relação com seu paciente com finalidade terapêutica, diferentemente de uma conversa informal entre amigos, a qual, por vezes, pode ser até bastante útil. Segunda, a intervenção terapêutica necessita de um enquadre que possibilite ao processo se desenrolar ao longo do tempo.

Um diálogo casual, um filme, um limite colocado pelos pais podem ser terapêuticos quando acontecem na hora certa com a pessoa disponível para compreendê-los. Estes acontecimentos não podem ser denominados psicoterapia, porque a relação entre as pessoas envolvidas não está combinada para tanto, não há enquadre instituído.

Durante o processo psicoterápico, o terapeuta deixa de reagir ao comportamento do paciente para compreendê-lo. Por exemplo, se alguém é agredido, em geral, reage proporcionalmente, ao passo que em uma sessão de psicanálise, o analista responderá com compreensão e com interpretação à agressão do paciente. A relação é, pois, utilizada com propósito terapêutico a finalidade daquele relacionamento é o tratamento de um deles pelo outro.

Para que isso aconteça, são necessárias algumas condições, às quais a sociedade oferece suporte. A sociedade garante que a um sujeito que demande ajuda correspondam outros indivíduos oferecendo auxílio. Ela fornece médicos, psicólogos, psicanalistas e tenta coibir o charlatanismo. Assim, quando uma pessoa vai ao terapeuta, ela sabe que ele estará disponível, em seu ambiente apropriado, para que juntos possam seguir um tratamento psicoterápico. O paciente atribui ao seu terapeuta um suposto saber, atribui-lhe um poder, o poder de ajudá-lo no seu sofrimento, amparado nas leis e costumes do país em que habita.

O enquadre da psicoterapia tem uma influência bastante particular nos dois integrantes da relação. A psicoterapia tem uma sequência no tempo, horários combinados, uma continuidade garantida. Esse enquadre, com esse tom de permanência e regularidade, é o fator que garante e dá suporte ao relacionamento, permitindo que ele transcorra dentro de parâmetros definidos.

Esse enquadre, respaldado pelo enquadre mais amplo da sociedade, influencia os dois participantes. Quando o enquadre varia, a relação entre os membros da dupla também se altera. Faz muita diferença um encontro dos dois ocorrer uma vez por semana ou todos os dias. Um estar deitado e o outro não, ou os dois estarem sentados, também é fator que modifica a relação. Também influi o fato de haver ou não um prazo de término previsto para estarem juntos. Essas variações do enquadre são significativas, promovendo alterações no modo como um dos participantes se relaciona com o outro.

Um ou mais encontros não-programados recebem o nome de intervenções breves. Um encontro psicoterapêutico (as consultas terapêuticas de Winnicott, por exemplo) não recebe a denominação de "psicoterapia" porque não tem periodicidade definida, ocorrendo de forma não programada previamente, atendendo necessidades que se justificam à medida que se manifestem os acontecimentos. Uma intervenção breve pode ser terapêutica e nem toda psicoterapia o é.

Nem tudo o que é terapêutico é psicoterapia; às vezes, um acontecimento significativo na vida é mais terapêutico do que anos de psicoterapia.

O que distingue uma psicoterapia breve de uma psicoterapia de longa duração não é sua brevidade (um ano pode ser considerado tempo breve?), mas, dependendo do autor, é sua focalização em torno de uma questão específica, são os objetivos limitados, ou é o prazo definido da terapia.

O nome psicoterapia breve é inadequado porque o "breve" não é o indicativo maior dessa forma de terapia. Alguns autores (Balint, em 1972: psicoterapia focal; Sifneos, também em 1972: *psicoterapia breve provocadora de ansiedade*, por exemplo) propuseram outras denominações, mas o termo *psicoterapia breve* é universalmente aceito e utilizado, tanto nos livros quanto em revistas especializadas ou em congressos.

Por convenção, o prazo máximo para uma psicoterapia breve é de um ano, podendo durar alguns meses ou algumas sessões. Muitos serviços estipulam o número de doze; outros, vinte sessões – o número é variável.

De acordo com esse livro, a *psicoterapia breve psicanalítica*, tendo a psicanálise como origem e referência, seguirá a definição geral para *psicanálise*, acrescida de dois elementos constitutivos: o limite de tempo previamente estabelecido para a terapia e a presença de um foco, ligado à angústia que leva o paciente a consultar-se.

Psicanálise, como psicoterapia, será entendida como um espaço vivencial não aleatório experienciado dentro de um enquadre com sessões regulares, como um empreendimento que busca a reflexão (elaboração) sobre si mesmo e sobre a relação com o analista, por meio da reescrita (ressignificação) da biografia do analisando (o sujeito transforma sua história e dela se apropria), da elucidação de suas características de personalidade (ligadas aos tipos de personalidade), da investigação do campo transferencial, da interpretação da transferência/contratransferência, dos lapsos, das repetições, dos sonhos, do discurso do paciente, a partir de suas associações livres. A psicanálise só tem sentido para o analisando quando ele se sente respeitado em seu desejo e compreendido (escutado) por um analista colocado no lugar do suposto saber, o que propicia um encontro que permite a comunicação significativa, possibilitada pela criação de um espaço de brincar (terceiro analítico), espaço de troca (vivência) entre duas pessoas reais (uma interessada na análise da outra), respeitadas as regras da abstinência e da neutralidade.

3.1 A Psicoterapia Breve Psicanalítica

Freud descrevia o indivíduo como provido de um aparelho psíquico, aberto para o exterior, mas que não precisava do mundo externo para justificar seu funcionamento. No *Vocabulário da psicanálise*, de Laplanche e Pontalis (1970), no verbete *"relação de objeto"*, registra-se a posição freudiana, entendida como *"one-body psychotherapy"*, ou seja, a teoria freudiana da psicanálise diz respeito ao sujeito em seu funcionamento isolado e não em relação. Freud refere-se a conceitos atinentes ao indivíduo em si, como libido, deslocamento, condensação, resistência, pulsão, etc., e o conceito de relação de objeto não está presente em sua obra, embora ele não o ignorasse.

Freud estava mais interessado na teoria (metapsicologia) do que na clínica e preocupava-se com a cientificidade do seu corpo teórico, preferindo escapar da relação terapêutica, que ele considerava passível de ser criticada como subjetiva.

Em 1937, em *Análise terminável e interminável*, um de seus últimos escritos, Freud ratifica essa posição. Freud, enfim, não propôs nenhuma modificação técnica por muitos anos, tendo até mesmo se oposto a elas.

A psicoterapia breve, então, pode ser vista como desviante, porque implica em maior presença do analista, visto preconceituosamente como alguém "ativo", ou seja, ele adquire uma atitude "não-psicanalítica". A proposta freudiana permite e induz o analista a ficar mais tempo em silêncio, sendo comprometedora sua intromissão.

Para Freud, é a construção (ou reconstrução) do passado que importa. A interferência da pessoa real do analista é um ruído, é prejudicial à análise – que deveria ser análise do cliente e não do par terapeuta/analisando.

Ferenczi, por outro lado, estava interessado na prática clínica e teorizou sobre ela. Em função desse olhar, ele se preocupou com as questões relativas ao enquadre e também com o par analista/paciente.

Diante da reação terapêutica negativa, Ferenczi ensaiou modificações no enquadre, como a "técnica ativa". O princípio que o norteou foi a noção de que no tratamento estão presentes dois elementos: o paciente e o terapeuta. A sua maior contribuição, que permite considerá-lo o pai das psicoterapias breves, é pensar a prática e seus efeitos no par analítico.

Ferenczi escreveu vários artigos nos quais demonstra essa preocupação. Em *Confusão de língua entre adultos e crianças* (1933) aborda vários temas, entre eles a contratransferência, a necessidade de análise pessoal por parte do analista, a transferência negativa e o ambiente. Em *A técnica psicanalítica* (1911) discute a importância da contratransferência. Em *Princípios de relaxação e neocatarse* (1930) aponta os perigos de fixar um término para o tratamento, refere-se ao potencial traumático do mundo exterior, discorre sobre o analista como ser humano (como diminuir sua rigidez, por exemplo). Em *Elasticidade da técnica psicanalítica* (1928) discute o "sentir com" tão a contragosto de Freud. Em *Perspectivas da psicanálise* (1924), salienta a importância da prática clínica, do narcisismo do terapeuta e da vivência na transferência.

Observe-se a preocupação de Ferenczi com a prática clínica e com o papel do terapeuta na análise. Esse interesse abriu as portas para a discussão da relação terapêutica e da função do mundo real na psicanálise. Essa questão ainda hoje está presente, com vários autores se recusando a considerar o mundo exterior como objeto de preocupação da psicanálise.

Por outro lado, Ferenczi introduziu, em 1909, o conceito de introjeção, em seu artigo *Transferência e introjeção* (1909), demonstrando seu interesse precoce pela relação com o outro, lembrando que os conceitos de projeção e introjeção são fundamentais na teoria kleiniana do objeto. Ferenczi preocupou-se em integrar o problema atual do indivíduo com sua história pessoal, em observar como o sujeito se comporta no presente em função de seu passado.

Discorrendo sobre introjeção, sobre contratransferência e transferência, sobre a importância do analista na terapia, sobre o papel do mundo real e do enquadre, Ferenczi abriu as portas para se pensar a prática psicoterápica e a relação terapêutica, sendo, portanto, autor de leitura imprescindível no estudo da psicoterapia breve.

A realidade do limite de tempo interferindo na relação terapêutica, a realidade da relação com o analista, a realidade da crise em que o sujeito está inserido, são questões fundamentais da psicoterapia breve que tiveram início com Ferenczi e que se encontram também na obra de Winnicott, por exemplo. É a partir deles que se pode pensar a prática da Psicoterapia Breve sem considerá-la um erro técnico sob o ponto de vista psicanalítico.

Para Ferenczi e Winnicott, a presença do analista no processo de análise é indispensável. Não há análise sem analista, como não há bebê sem a mãe (ambiente). Para esses dois autores, o terapeuta na psicoterapia breve não está sendo, erroneamente, mais ativo; ele está simplesmente interferindo no processo de análise porque tal circunstância é inevitável, porque são duas as pessoas envolvidas e não apenas uma.

O conceito de vínculo nas terapias de casal e de família se encontra na mesma seara.

Resumindo, para muitos analistas, o terapeuta da psicoterapia breve psicanalítica estaria cometendo um erro técnico ao ser mais ativo e para uma concepção de psicanálise winnicottiana, o mesmo terapeuta apenas estará sendo ele mesmo.

Cabe ressaltar que não se fala, aqui, de terapeutas selvagens, com formação questionável, que justificam intromissões grotescas a partir de uma concepção baseada em Winnicott ou outro autor qualquer. Dizer que o analista interfere no processo de análise não deve servir para justificar intromissões indevidas. Na teoria de Winnicott, é clara a diferença entre invasão e apresentação.

É desejável, segundo a concepção de psicoterapia breve aqui adotada, que o terapeuta acompanhe seu cliente em suas associações livres, interprete o material inconsciente a partir de uma escuta psicanalítica baseada em experiência e sólida formação teórica, procurando um encontro significativo, consciente de sua participação como ser humano no processo analítico de seu cliente. Isso pode ocorrer tanto em uma análise que siga o tratamento-padrão como em uma psicoterapia breve.

3.2 Vértice psicanalítico

O que é psicanalítico é sempre questão complexa, pois não há acordo entre os diversos autores a este respeito. No contexto aqui delineado, o vértice psicanalítico é compreendido como a articulação entre a teoria psicanalítica e um procedimento determinado.

Embora todos os psicanalistas tenham alguma concepção sobre o inconsciente, a teoria varia de acordo com os diversos autores – Freud, Klein, Lacan, Winnicott, etc.

Para se situar dentro de um vértice psicanalítico, além da teoria, o procedimento a ser aqui adotado será compreendido como a fixação de quatro pilares fundamentais: *a interpretação, a análise da transferência, a utilização das associações livres e o respeito à neutralidade*. Tais conceitos incluem necessariamente outros tantos, como a noção de fenômenos inconscientes, por exemplo.

Sem dúvida, a teoria é fundamental. Sem alguns conceitos cunhados por Freud e seus seguidores, a prática psicanalítica seria impensável; um trabalho apenas "intuitivo", sem teoria, é ilusório. Se, no entanto, considerarmos Psicanálise apenas o que se acha nos escritos de Freud, teremos de excluir dela a maioria das ideias dos atuais psicanalistas, o que parece não ser o caso.

Qual teoria, então, deveria ser considerada? A de Freud, Klein, Lacan, Bion, Winnicott, Anna Freud?

Outro problema surge ao considerar a psicanálise apenas como teoria, sem um procedimento a ela atrelado. Assim procedendo, seriam considerados psicanalistas autores de outras abordagens psicoterápicas que assimilam alguns aspectos da teoria psicanalítica de maneira semelhante à adotada por psicanalistas, ou seja, teóricos que utilizam corriqueiramente conceitos como os de inconsciente, transferência, Complexo de Édipo, regressão, Id (Isso), Ego (Eu), Superego (Super-Eu), etc., embora na prática trabalhem de modo bastante diferente.

Restringir demais o conceito de psicanálise pode torná-lo pouco operativo. Em oposição, ampliá-lo sem parâmetros razoáveis pode confundir mais do que auxiliar. A teoria ligada a um procedimento delimita o campo psicanalítico, facilitando sua compreensão.

Para Herrmann (2001), o método, interpretativo precede à teoria como parâmetro para definição. Alguns autores entendem o método de formas diferentes. Bollas (2003) refere-se ao método da psicanálise como o "par freudiano", ou seja, a associação livre e a atenção flutuante (p. 276). Para Kernberg (1991/2003), o método da psicanálise se define, seguindo Gill (1954), a partir de três elementos essenciais: interpretação, análise da transferência e neutralidade técnica (p. 30). Kernberg (1991/2003) considera "a associação livre um método comum tanto para a psicanálise quanto para a psicoterapia psicanalítica" (p.32), lembrando que o autor diferencia psicanálise e psicoterapia psicanalítica a partir de diferenças no enquadre e na técnica.

É pertinente se afirmar que o *método* da psicanálise é a investigação da transferência e que o aqui denominado *procedimento* implica na investigação e interpretação da transferência/contratransferência, na utilização das associações livres e no respeito às regras da abstinência e da neutralidade.

Alguns autores da psicoterapia breve distanciam-se do procedimento psicanalítico aqui delineado de maneiras diversas. Exemplificando, Fiorini (1978) evita a interpretação transferencial, Lemgruber (1984) privilegia a experiência emocional corretiva, Sifneos (1972) propõe ser ativo no foco, abandonando a neutralidade, Malan (1975) não lida com as associações livres (refere-se à atenção e negligência seletivas), Braier (1986) propõe a utilização das associações livres apenas no foco e Gilliéron (1983) inclui a teoria sistêmica em seu trabalho.

Condizente com a proposta de considerar psicanalítica a psicoterapia breve formulada neste livro, especifico melhor o que está sendo considerado como procedimento:

1. As associações livres[4] / a atenção flutuante[5] impedem um caminho "correto" a ser perseguido, evitando-se privilegiar um assunto em detrimento de outro. A proposta de atenção e negligência seletivas de Malan afasta-se deste princípio de permitir a expressão espontânea por parte do paciente.
2. Investigação da transferência e interpretação (clarificação de outro sentido), levando em conta a transferência/ contratransferência, implica na crença em fenômenos inconscientes repetindo-se numa relação interpessoal (vínculo). Tal compreensão elimina a ideia de que a consciência domina o psiquismo e que o comportamento é o único parâmetro científico digno de confiança (como para Skinner).

---

4 É a expressão indiscriminada de todos os pensamentos que acodem ao espírito, quer a partir de um elemento dado, quer de forma espontânea. A procura insistente do elemento patogênico desaparece em proveito de uma expressão espontânea do paciente. A regra de associação livre visa em primeiro lugar eliminar a seleção voluntária dos pensamentos (Laplanche; Pontalis, 1967/1970).

5 Modo como, segundo Freud, o analista deve escutar o analisando: não deve privilegiar *a priori* qualquer elemento do seu discurso, o que implica que deixe funcionar o mais livremente possível a sua própria atividade inconsciente e suspenda as motivações que dirigem habitualmente a atenção. Esta recomendação técnica constitui o correspondente da regra da associação livre proposta ao analisando (Laplanche; Pontalis, 1967/1970).

3. A neutralidade[6] do terapeuta significa seguir o livre fluxo de associação de ideias do paciente sem interferências diretivas. Evita-se a imposição de um código interpretativo previamente estabelecido, afastando-se do modelo pedagógico, o que propicia a escuta psicanalítica e possibilita a tradução do que está implícito, oculto.

De fato, é a articulação entre a teoria e seu método que constitui a prática psicanalítica. Não se pode compreender a associação livre desvinculada da proposta teórica do processo primário dos fenômenos inconscientes; o mesmo se aplica à interpretação da transferência, que pressupõe o conceito de repetição infantil. A neutralidade traz implícita a noção de contratransferência, da interação entre analista e paciente.

A partir desses parâmetros, pode-se considerar a psicoterapia breve partilhando do vértice psicanalítico, pois se mantém o método e a teoria – o que varia é apenas o enquadre. Este ponto é frequentemente perturbador para alguns psicanalistas, que não conseguem concordar que possa existir uma psicoterapia breve psicanalítica.[7]

---

[6] Uma das qualidades que definem a atitude do analista no tratamento. O analista deve ser neutro quanto aos valores religiosos, morais e sociais, isto é, não dirigir o tratamento em função de um ideal qualquer e abster-se de qualquer conselho; neutro quanto às manifestações transferenciais, o que se exprime habitualmente pela fórmula "não entrar no jogo do paciente": por fim, neutro quanto ao discurso do analisando, isto é, não privilegiar *a priori*, em função de preconceitos teóricos, um determinado fragmento ou um determinado tipo de significações. (Laplanche; Pontalis, 1967/1970).

[7] Cabe ressaltar que a psicoterapia breve será ou não psicanalítica dependendo do que se considere psicanálise, e quais os critérios que serão utilizados para defini-la.

3.3 Psicoterapia breve psicanalítica e psicanálise

As dúvidas que permeiam o debate a respeito de questões envolvendo a psicoterapia breve e a psicanálise são de várias ordens.

A psicoterapia breve pode ser considerada uma variação de enquadre dentro da psicanálise ou não? A psicanálise é apenas o tratamento-padrão (divã, várias sessões semanais e tempo ilimitado) ou admite outros enquadres? Se a psicanálise for realizada sem divã, com paciente e terapeuta sentados frente a frente, com uma ou duas sessões semanais, ainda é psicanálise, ou deveria se chamar (KERNBERG, 1991/2003) psicoterapia psicanalítica? Se o tempo for limitado de antemão, a terapia ainda pode ser considerada psicanálise? Psicanálise é um tratamento ou é só uma investigação?

São temas de amplos debates. A questão aqui delineada se restringe à psicoterapia breve psicanalítica, que está sendo considerada uma das possibilidades dentro do vértice psicanalítico. Embora a proposta não seja entrar na complexidade do debate, alguns comentários a respeito da psicoterapia breve psicanalítica e da psicanálise necessitam ser delineados.

Regressão, neurose de transferência e resistências

O tratamento-padrão é o enquadre do procedimento psicanalítico clássico, ou seja: utilização do divã, número de sessões semanais de três a cinco e tempo ilimitado de terapia. Tal tipo de enquadre permite o desenrolar habitual, conhecido desde Freud, da neurose de transferência, da regressão e das resistências. Segundo Gilliéron (1983/1986), variando o enquadre, observa-se a alteração destes três elementos. O limite de tempo proposto para o tratamento inibe as satisfações regressivas, não alimenta as resistências e dificulta a instalação da neurose de transferência.

Regressão

O enquadre do tratamento-padrão propicia ao cliente as condições necessárias para a regressão, ou seja: o divã, várias sessões semanais e o tempo ilimitado fornecem ao analisando a ilusão de que o analista estará sempre disponível; o fato de não poder olhá-lo, facilita o fantasiar sobre esta pessoa que poderá ser várias pessoas ao mesmo tempo.

É possível, então, supor que o enquadre do tratamento-padrão contém a tendência à diminuição de responsabilidades por parte do paciente (MacAlpine apud Etchegoyen, 1985/1987, p. 316), levando o a maior dependência, daí colaborando para a regressão, com o consequente prolongamento do tratamento. Cabe lembrar que com o enquadre, há que se considerar também, como sempre, a participação da personalidade de cada pessoa, no que diz respeito à regressão (Etchegoyen, 1985/1987, p. 318).

Neurose de transferência

A neurose de transferência, segundo Laplanche e Pontalis (1967/1970), "é a neurose artificial em que tendem a se organizar as manifestações de transferência. Ela se constitui em torno da relação com o analista; é uma nova edição da neurose clínica; a sua elucidação leva à descoberta da neurose infantil" (p. 398).

Ainda conforme Laplanche e Pontalis (1967/1970), "O paciente repete na transferência os seus conflitos infantis. Na neurose de transferência todo o comportamento patológico do paciente se vem re-centrar na sua relação como analista" (p. 399).

Esta neurose artificial a que se refere Laplanche está facilitada pelo enquadre do tratamento-padrão. O próprio Freud reconhecia isso ao escrever, segundo citação de Laplanche e Pontalis (1967/1970), que

> desde que o paciente consinta em respeitar as condições de existência do tratamento, conseguimos regularmente conferir a todos os sintomas da doença um novo significado transferencial, substituir sua neurose comum por uma neurose de transferência que pode ser curada pelo trabalho terapêutico. (p. 399)

Freud aponta para a necessidade de o paciente respeitar as condições do tratamento, ou seja, respeitar o enquadre psicanalítico. Fora desse enquadre, ele reconhecia que as condições para a instalação da neurose de transferência não seriam as mesmas. Modificando o enquadre, o que ocorre dentro do novo enquadramento sofre alterações.

É possível supor que essa relação específica, em que o paciente repete seus conflitos com o analista, esteja facilitada pelas condições de enquadre (Etchegoyen, 1985/1987, p. 314) que propiciem aproximação maior entre os dois (ou seja, maior número de sessões semanais e tempo ilimitado da terapia), e pela regressão (facilitada pelo enquadre do tratamento-padrão, como já foi visto).

Recentrar os conflitos no analista torna indispensável a análise desta relação em seus vários aspectos. A neurose de transferência, uma vez instalada, exige tempo para ser analisada, tendendo a prolongar o tratamento.

Percebe-se, então, que se cria um círculo, no qual o tempo ilimitado facilita a instalação e a manutenção da neurose de transferência; esta implica em maior tempo de análise em virtude da necessidade de compreensão de seus diversos ângulos e aspectos. Neste sentido, uma situação alimenta a outra, tendendo a prolongar o tempo da terapia.

Resistências

Segundo Laplanche e Pontalis (1967/1970), "dá-se o nome de resistência a tudo o que, nos atos e palavras do analisando, se opõe ao acesso deste ao seu inconsciente" (p. 595). Freud, no fim do artigo *Inibição, sintoma e angústia* (1926/1969), distingue cinco formas de resistências: o recalcamento, a resistência de transferência e o benefício secundário da doença, que estão ligadas ao Ego; a resistência do inconsciente ou do Id (compulsão à repetição) e a resistência do Superego (culpabilidade inconsciente que leva à reação terapêutica negativa).

As resistências tendem a prolongar o tratamento. A questão a ser colocada é se estas resistências se dão sempre da mesma forma, dependentes única e exclusivamente da personalidade de cada paciente, ou se elas sofrem a influência de outros fatores, até mesmo do enquadre. Será que as variações do enquadre poderiam acentuar as resistências, ou diminuí-las?

Na análise de neuróticos, dentro do enquadre do tratamento-padrão, as resistências seguem seu curso comum, conhecido e descrito por Freud. O enquadre da psicanálise clássica ensinou-nos o desenrolar habitual das resistências de uma forma tal que dá a impressão de que elas estarão sempre lá, de que são um dado "natural", precisando ser analisadas, da maneira preconizada por Freud, para se dissiparem.

Não acredito nisso. Penso que o enquadre pode favorecer as resistências ou pode tender a inibi-las. O enquadre do tratamento-padrão, a partir do não- tempo instituído pelo analista para a terapia, ou seja, quando o terapeuta anuncia ao seu paciente que ficarão juntos por um tempo indeterminado (que às vezes, dura anos), ele favorece as resistências e o prolongamento da análise.

O benefício secundário da doença é uma adaptação do indivíduo para lidar com a angústia, transformando seu sintoma em vantagem aparente. Freud (1926/1969), falando sobre o benefício secundário como resistência, escreve: "Representa uma não disposição de renunciar a qualquer satisfação ou alívio que tenha sido obtido" (p.185). Exemplificando, uma pessoa que tenha seus sintomas e receba atenção por isso, o que não conseguiria de outra forma, tende a perpetuar tal comportamento, que termina por se apresentar como vantajoso, para lidar, por exemplo, com uma angústia de separação.

No enquadre do tratamento-padrão, em que se institui como ilimitado o tempo da terapia, o benefício secundário pode prolongar o tratamento, pela própria função de alívio e satisfação que guarda em si: já que se dispõe de bastante tempo para resolver um problema e existem satisfações a perder de imediato, nada mais natural que se espere para resolver e se aproveite, agora, o alívio propiciado pelo benefício secundário.

No enquadre em que um limite de tempo é instituído, isso tende a não ocorrer, pois o sujeito está muito mais interessado em resolver seu conflito do que em manter o prazer, aliás, secundário, do benefício secundário. O fato de haver um término programado (combinado desde o início) para a terapia (pode-se pensar em um paciente que tenha de mudar de cidade em alguns meses) faz com que o indivíduo se veja diante de uma condição tal que os benefícios secundários da doença não fazem mais sentido (não têm tanta importância), em relação às angústias maiores que seus conflitos apresentam. Como a pessoa não tem tempo disponível para prolongar seu tratamento, cabe supor (e se observa na prática) que ela abrirá mão das resistências, em prol de um benefício maior.

A resistência do Id "é a atração exercida pelos protótipos inconscientes sobre o processo pulsional reprimido" (Freud, 1926/1969, p. 184), ou seja, o poder da compulsão à repetição.

A compulsão à repetição evidentemente prolonga o tempo da análise. O tempo ilimitado da análise, instituído pelo analista, entra em ressonância com a compulsão à repetição, facilitando o prolongamento da terapia. Esta força que dificulta a mudança e favorece a repetição se manifesta durante todo o tempo da análise.

Quando se institui um limite de tempo para a terapia, esta condição se altera. O limite de tempo transporta o paciente para o registro da castração, modificando a compulsão à repetição, que se vê inibida em seu processo. Quando se tem "todo o tempo do mundo", como no tratamento-padrão, a repetição encontra terreno fértil para continuar influindo. Quando se limita o tempo da terapia, como na psicoterapia breve, a compulsão à repetição encontra o limite da castração e tem de se haver com ela, o que impede seu livre curso, abreviando o tempo da terapia.

4
Temporalidade

O termo psicoterapia breve é inadequado. Que seria "breve"? Algumas psicoterapias breves duram até um ano, que é o tempo máximo convencionado para sua duração. Um ano pode ou não ser considerado breve? Quantas psicoterapias se iniciam para ter longa duração e, no entanto, terminam antes de um ano?

Em geral, o hábito de propor tempo ilimitado para as terapias está tão arraigado, é tão "natural", que muitos não acreditam possível haver outra forma de atendimento.

Winnicott (1961/1996) escreve:

> O que me interessa aqui especialmente é a maneira pela qual um analista treinado pode fazer outra coisa que não análise, e de modo proveitoso. Isso é importante quando o tempo disponível para o tratamento é limitado – situação, aliás, comum. (p. 79)

Onde ele escreve "análise", parece referir-se ao tratamento-padrão da psicanálise (divã, várias sessões semanais e tempo ilimitado da terapia). Ele não deixa de sublinhar a importância do trabalho com tempo limitado, lembrado como algo comum em nossa prática clínica e que não pode ser ignorado.

Em todo caso, a psicoterapia breve alberga inúmeros senões. Um dos problemas da psicoterapia breve psicanalítica é que o encurtamento da terapia impõe limites que o analista não está acostumado a enfrentar e nem sempre os deseja.

A psicoterapia breve incomoda o narcisismo do terapeuta, obrigado a contentar-se com um trabalho incompleto (como se alguma terapia fosse completa!), abrindo mão de uma compreensão maior e mais cuidadosa de seu cliente. O terapeuta, para poder se dedicar à psicoterapia breve, precisa acreditar na capacidade de elaboração por parte do paciente, após o encerramento da terapia. É claro que, para tanto, a indicação da terapia deve ser cuidadosa e não se presta para qualquer um.

É evidente que na psicoterapia breve, até em virtude da exiguidade do tempo, não é possível que todas as questões do paciente sejam abordadas, já que a focalização em torno de uma problemática central se faz necessária. Isso limita o atendimento a certos aspectos. No entanto, alguém poderá garantir que dez ou vinte anos de análise abordarão "tudo", ou resolverão "todos" os problemas de um ser humano?

Existem diversas possibilidades de variações temporais. Elas podem se relacionar, por exemplo, a modificações no tempo da sessão. Pouca gente se importa se o tempo da sessão é de 50 ou 45 minutos, embora muitos se incomodem quando ele passa para 30 ou 20 minutos, apesar de tal prática ser comum. Para a psicoterapia breve, o tempo de 20 ou 50 minutos/sessão não é fundamental; há quem trabalhe com prazos variados, sem que alterações significativas sejam notadas.

O número de sessões semanais também não distingue a psicoterapia breve. Algumas vezes é necessária uma frequência de cinco vezes por semana, embora o mais comum seja uma, às vezes duas consultas semanais.

O número de sessões ou meses de uma terapia breve também é variável. Há quem trabalhe com número fixo, de doze ou quarenta sessões, por exemplo, dentro de um programa/padrão de um serviço qualquer. Três semanas com cinco sessões semanais, um ano com uma sessão, ou quatro meses com duas sessões semanais não definem a terapia breve.

O limite de um ano é, em geral, aceito para que se considere uma terapia como breve. Cabe respeitar tal critério, embora, como tudo na vida, seja também questionável.

Existem terapias que mesmo durando apenas alguns meses não podem ser consideradas como psicoterapias breves. Há que se distinguir entre uma psicoterapia breve e uma terapia encurtada pelas circunstâncias, sendo que nesta última não houve proposta de um trabalho específico para o tempo considerado.

Caso se imagine que a terapia durará anos, lidar-se-á com o paciente de forma diversa da forma adotada quando já se contrata um limite de tempo logo de início. O tempo limitado, instituído pelo enquadre, dá contornos à relação terapeuta-paciente, modificando-a em relação à terapia sem prazo definido. No contrato inicial, paciente e terapeuta entram em acordo quanto à duração da terapia e ela será respeitada, terminando no prazo previsto.

Cabe lembrar que nem todos (aliás, são poucos) os autores de psicoterapia breve propõem um prazo preestabelecido logo no início da terapia. A maioria deixa o tempo correr, apenas ciente de que a duração da terapia não será longa.

4.1 Limite de tempo

O limite de tempo da terapia modifica a relação terapeuta-paciente, promovendo alterações. Fédida (1987/1988) afirma que "um tratamento analítico pode e deve receber um fim (um término) quando instaurou no analisando as condições de uma análise sem fim" (p. 117), lembrando que o referido autor se manifesta contra colocar-se um término pré-fixado para uma análise.

Quem, no entanto, garante que apenas um longo tempo de terapia ou apenas o prazo indefinido de uma análise possa fazer o paciente chegar a esta "atividade de análise sem fim?".

Gilliéron (1983/1986) afirma que "a limitação da duração tem um valor interpretativo porque ela introduz a noção de realidade temporal, de limite", ou seja, a separação, "recordando a problemática da castração" (p. 55). Não se está mais sob o registro do princípio do prazer que o tempo ilimitado instituído pelo analista propõe, mas se instaura o princípio da realidade, coloca-se em jogo a castração, a partir do limite de tempo instituído na relação terapeuta-paciente.

O limite de tempo inibe as satisfações regressivas, altera o benefício secundário dos sintomas, a compulsão à repetição se modifica, a partir da castração. Com isso, a psicoterapia breve tem a possibilidade de terminar antes do prazo que seria necessário com o enquadre do tratamento-padrão da psicanálise, pois a relação terapeuta-paciente se altera, em função do limite de tempo estabelecido.

A temporalidade instituída pelo analista torna-se suporte do processo transferencial, sendo que o prazo preestabelecido fornece também um eixo para o trabalho de perlaboração.

Todas estas observações tentam justificar as modificações que ocorrem a partir do limite de tempo para a terapia, tornando viável pensar na possibilidade teórica deste evento, afastando a crença de que possível e aceitável é apenas o enquadre de tratamento longo.

O limite de tempo modifica a relação e altera o processo psicoterápico. Em função disto, faz-se necessária uma planificação diferente de outros enquadres.

Não que não haja projeto de atendimento no tratamento-padrão. Até o fato de se instituir (mesmo não explicitamente) um tempo ilimitado já é uma programação. A proposta de utilizar o divã, de interpretar a transferência, de respeitar a regra da abstinência, de usar as associações livres, etc., são itens que pertencem a uma planificação. Quando um analista aceita ou não um pedido de alta de seu cliente, ele está levando em conta alguns critérios que fazem parte de um planejamento. Pelo fato de que o tempo de uma terapia é ilimitado, fica parecendo que um planejamento prévio não existe, o que, de fato, não ocorre.

Na psicoterapia breve, uma programação é fundamental. Esta inclui alguns parâmetros, tais como o limite de tempo da terapia, sua focalização em torno de uma problemática central ligada à queixa e à demanda do paciente, a consideração das possibilidades do paciente, do terapeuta e da instituição na qual se dará o atendimento, para a viabilização da proposta no tempo estipulado.

A indicação para uma psicoterapia breve é mais restrita que para o tratamento-padrão, considerando que o paciente, nestes casos, deve ser capaz de focalizar, de reconhecer os limites de tempo (o que um psicótico em surto não consegue, por exemplo) e de poder aproveitar a terapia neste menor espaço temporal.

Definir um prazo logo no início do trabalho terapêutico pode parecer interferência demasiada no processo do paciente. Como o analista se dá o direito de decidir (mesmo que com seu cliente) a data final da terapia? E as regras da neutralidade e da abstinência?

Cabe lembrar que o analista está sempre interferindo, querendo ou não, por mais cuidadoso que seja. O terapeuta interfere no processo de seu paciente o tempo todo, inclusive e principalmente porque ele também é um ser humano presente na sala de análise.

Questionar o término pré-fixado do tratamento, apontando a interferência do analista no processo do paciente é curioso, porque o analista faz isso a cada sessão. Exemplificando, a maioria dos analistas, seguindo Freud, delimita um tempo para cada sessão, em geral 50 minutos (podem ser 20, ou 30, não importa).

Quantos pacientes se queixam de que gostariam de não encerrar determinada sessão, ou que preferiram ter vindo em outro dia e hora naquela semana, em função de alguma angústia qualquer? Dir-se-ia, porém, com razão, não ser possível atender um paciente sem hora marcada, e não é viável (salvo exceções) ficar uma ou duas horas, ou mais, com um cliente, só porque ele está querendo (ou precisando), de mais atenção, naquele dia e hora específicos. Muitos pacientes seguramente se beneficiariam ficando muito mais tempo em algumas sessões. Exceto no caso de alguns analistas de orientação lacaniana, respeita-se o limite dos 50 minutos. Isso não é interferência?[8]

Cabe salientar a importância do tempo entre uma consulta e outra para o analisando refletir sobre o que ocorreu

---

8   E não seria também interferência alterar o tempo de cada sessão, de acordo com a necessidade, ou vontade, ou desejo, do analista ou do cliente?

no espaço da sessão. O que acontece em cada sessão não termina após os 50 minutos, o poder da relação terapeuta-paciente vai muito além do tempo de contato pessoal entre ambos. A palavra do analista, com sua escuta particular, seu lugar de suposto saber aliado às suas interpretações, a presença do terapeuta e a vivência do processo analítico no encontro singular com seu cliente, todo esse contexto ultrapassa, em muito, os meros segundos de cada sessão.

Então, pergunto: por que o tempo da realidade e o tempo fora da sessão não valem também como argumentos a favor da psicoterapia breve? Por que apenas para a psicoterapia longa a palavra do analista e o poder da relação transferencial são duradouros? Por acaso a influência do analista se mede em termos de quantos minutos ele esteve presente diante de seu paciente? Haveria uma quantidade necessária e suficiente de interpretações ou de tempo de convivência para considerar um encontro como terapêutico? Ou uma comunicação significativa pode-se dar além ou aquém da questão temporal?

Para a psicoterapia breve é fundamental a possibilidade de o cliente continuar o processo de análise sem a presença física de seu analista. De onde vem a ideia de que somente com um tempo longo alguém pode refletir cuidadosa e profundamente sobre seus problemas?

Nosso tempo na Terra é limitado. Será que a ilusão de eternidade e o medo da morte estão presentes no preconceito para com a terapia de tempo limitado?

4.2 Alta

Na psicoterapia breve com tempo determinado, a questão da alta está inebriada pelo prazo previsto no início do tratamento. O término combinado de antemão evita as dificuldades relacionadas a quais critérios levar em conta na hora da alta, que estará decidida pelo par terapeuta/paciente independentemente dos resultados.

O terapeuta que trabalha com psicoterapia breve confronta-se com a "teoria do gafanhoto". Na década de 1970 havia um seriado na TV chamado *Kung Fu*. O herói do seriado é um americano que aprendeu *kung fu* com seu mestre oriental. Em suas andanças em busca de sua identidade, ele se mete em confusões inúmeras. Em todos os episódios, nos momentos difíceis (talvez impossíveis), ele se recorda das palavras e dos ensinamentos de seu mestre, concentra-se e escapa dos vilões, utilizando sua inteligência e lutando *kung fu*, que representa suas armas físicas e psíquicas para lidar com as adversidades.

Nas suas memórias, o mestre, que o chama de "gafanhoto", não dá respostas, apenas destrincha a situação e recorda as habilidades do seu pupilo, salienta seu potencial, acreditando sempre nas suas próprias capacidades para lidar com o imprevisível da vida. A tranquilidade e a confiança do mestre, ao dizer "vai gafanhoto, você consegue" são as mesmas que o terapeuta de Psicoterapia Breve acaba tendo em relação ao seu paciente, acreditando que seu trabalho com ele não termina com o fim do processo terapêutico, mas se estende ao longo do tempo, sempre confiando que seu cliente pode continuar a aprender sozinho a lidar com as surpresas da vida, a partir do que foi iniciado durante a psicoterapia.

A questão da alta na psicoterapia breve e nas psicoterapias em geral está envolta em preconceitos e critérios pouco claros. Quando se pensa em alta, não se pode deixar de refletir sobre todo o processo de uma psicoterapia. Alta implica em resultados, em planejamento, em indicação, em objetivos e na interligação destes.

4.3 Separação

Em função de sua fragilidade física (até quando bebê), o ser humano teme, justificadamente, estar sozinho. Terminar um relacionamento amoroso qualquer é complicado, deixar a casa paterna, a morte, mudar de cidade ou país, qualquer separação, afinal, implica em sentimentos intensos.

O paciente ressente-se do término da psicoterapia, mas a separação também é complicada para o terapeuta. O paciente que vai bem gratifica seu analista e o luto da separação pode provocar profundos sentimentos de perda no terapeuta, que se sente desvalorizado com a intenção do paciente de ir embora, e passa a trabalhar, sem perceber, no sentido de desconsiderar a melhora de seu paciente. Dependência não acontece apenas por parte do paciente, pois romper vínculos é sofrimento para qualquer ser humano.

O terapeuta deve estar atento à relação transferencial com seu paciente no quesito referente à alta. O contrato de terapia necessita ser bem claro e definido em relação ao momento do término para que a data da última sessão possa ser lembrada quando estiver próxima.

O terapeuta deve abrir mão de seu narcisismo ao propor a realização de uma psicoterapia breve, caso contrário seu desejo de perfeição estará comprometendo o término do processo terapêutico.

O término da psicoterapia breve estará combinado na hora do contrato, de comum acordo entre paciente e terapeuta. É comum "esquecer" o trato, ao longo da terapia.

Autores como Malan salientam o interesse de trabalhar o encerramento da terapia no terço final do processo, como se a separação fosse um novo foco. Em princípio, se o assunto não vem à baila, é preciso lembrar do término com um mês de antecedência, pelo menos.

Dependendo do caso, o final será lembrado com frequência ou apenas perto do encerramento da terapia. O prazo mínimo de um mês é necessário para haver tempo de pensar no encerramento das sessões, na separação, com tudo o que ela representa de abandono, de castração ou de potencial fator de desorganização.

Há pacientes, por exemplo, que sentirão a separação como abandono; outros como castração a partir de um limite não-desejado naquele momento, embora tenha sido combinado anteriormente; para outros, a separação pode ser um fator de desorganização interna por não se sentirem preparados para um fato novo que supõem não saber enfrentar.

Em todo caso, a separação implica sentimentos intensos pelo reviver de um processo que sempre é sutil e complicado em suas origens, a partir de um bebê (depois criança e adulto) que precisa encarar o mundo com suas próprias habilidades sem estar ainda plenamente preparado para tanto.

Cabe recordar que alguns pacientes encaram o término da terapia com alívio, ou como oportunidade de crescimento, ou como possibilidade de experimentar novos rumos, ou como desafio propulsor, em suma, não obrigatoriamente como um fim que deva trazer sofrimento.

Muitas vezes, diante de um paciente que considera bom o encerramento da terapia, o analista passa a desconfiar e encarar a reação do paciente como resistência ao luto, não reconhecendo seu direito de se sentir bem com a separação anunciada. Nesse momento, cabe ao terapeuta cuidar de seu narcisismo, pois não é impossível alguém ficar satisfeito de não mais se encontrar com ele e mesmo assim estar de posse de sua sanidade mental. Pelo contrário, muitas vezes isso é sinal de sucesso terapêutico.

4.4 Retorno

Após o término da psicoterapia breve, é interessante marcar um retorno para avaliação. O prazo de seis meses é o mais comum, até como elemento de pesquisa, como é o procedimento no *Núcleo de atendimento e pesquisa da conjugalidade e da família* (NAPC).

É possível proceder de maneiras diferentes nesse momento: deixar o paciente lembrar-se da data de retorno, responsabilizar-se por lembrá-lo, definir data e horário na última sessão.

Quando o paciente retorna, é possível realizar algumas sessões e depois marcar novo retorno para depois de seis meses ou um ano, caso seja necessário. É preferível assim proceder, em vez de marcar sem hesitação uma nova psicoterapia breve ou uma terapia prolongada.

Em nossa experiência no NAPC, depois de seis meses telefonamos para o paciente ou casal, como elemento de pesquisa.

Acreditar que o paciente seguirá, sozinho, em análise, após o término da psicoterapia breve é fundamental para o terapeuta que trabalha com esse tipo de psicoterapia.

4.5 A questão do término do processo

Freud (1937/1969), em *Análise terminável e interminável*, aponta que o "término de uma análise" acontece quando o paciente deixa de sofrer seus sintomas, superando suas ansiedades e inibições; também quando o analista julga que "foi tornado consciente tanto material reprimido, que foi explicada tanta coisa inteligível, que foram vencidas tantas resistências internas, que não há necessidade de temer uma repetição do processo patológico em apreço" (p. 251).

Observe-se que o término ocorre em função da superação dos "sintomas e do processo patológico". Recorde-se que, para a psicanálise, a superação dos sintomas e da ansiedade são considerados maus critérios, porque a psicoterapia comportamental também o consegue, mesmo sem entender o conflito subjacente.

Por outro lado, não há parâmetro confiável para medir quando se deveria parar de temer "a repetição do processo patológico", ficando isso na dependência da teoria, da experiência e das idiossincrasias do analista em questão.

Para Lemgruber (1984), a "alta vai ser dada em função da resolução do conflito focal e não será restrita ao desaparecimento do sintoma" (p. 30). E, ainda segundo o autor, "Em psicoterapia breve não se pode protelar a alta para quando ocorrer a melhora global do paciente, com a reestruturação da sua personalidade" (LEMGRUBER, 1984, p. 31).

Após décadas trabalhando como psicanalista, tendo compartilhado de análises de quinze, nove, dez, sete, cinco anos com vários clientes, ainda me pergunto: que significa, de fato, "a melhora global do paciente, com a reestruturação da sua personalidade?".

O paciente, depois de uma experiência psicoterapêutica, pode aprender de si mesmo o suficiente para continuar aproveitando sua vivência com seu terapeuta mesmo depois de terminado o processo terapêutico. A vida não termina com o fim da análise, "coisas acontecem", como a "chuva de sapos" do filme *Magnólia*, ou seja, nada garante que a pessoa estará preparada (ou despreparada) para o imprevisível da existência humana depois de anos de psicanálise ou meses de psicoterapia breve.

Malan (1976/1981) acredita que o término da análise combinado no início é mais benéfico que prejudicial, salientando que os sentimentos de decepção e de raiva, no período da alta, devem ser trabalhados na terapia, como já dizia Balint (p. 52).

Malan chegou à conclusão de que o número de 40 sessões é o limite máximo, sendo de 20 a 30 sessões o prazo recomendado, em função da gravidade do caso e da experiência do terapeuta. Para ele, é fundamental trabalhar a separação na hora da alta e o terço final da psicoterapia breve deveria ser consagrado à discussão da separação.

Mann (1973) enfatizou a questão da alta, apontando que tende a originar no paciente quatro conflitos básicos: independência/ dependência; atividade/passividade; autoestima adequada/perda da autoestima; e luto não-resolvido ou postergado. Segundo Mann, o manejo adequado da alta permitirá que o terapeuta seja internalizado pelo paciente, tornando a separação um fator de amadurecimento.

Para Gilliéron, em psicanálise se propõe a eternidade e em psicoterapia breve se propõe o luto; o princípio do prazer em um caso e o princípio de realidade em outro. A limitação temporal recorda a problemática da castração e confronta paciente e terapeuta com sua própria condição humana.

As questões relativas ao término de uma terapia são complicadas. Uma das vantagens de estabelecer um final, combinado logo de início, é escapar das questões delicadas referentes à alta.

5
Focalização

5.1 Comentários

A escolha do foco é questão controversa, pois os autores preferem diferentes focalizações. Observada atentamente, qualquer proposta de focalização é arbitrária e artificial, apenas refletindo a opção teórica do terapeuta.

Diante da dificuldade de escolha, a melhor opção não seria justamente não existir foco algum? Uma alternativa possível seria não escolher um foco e deixar que o processo da psicoterapia breve conduzisse as sessões ao sabor do encontro que ocorre na prática da psicoterapia.

Acordo

Para mim, o foco é necessário na psicoterapia breve porque ele estabelece acordos, circunscreve os assuntos a serem abordados, dá um sentido para o prazo estabelecido; é uma forma do terapeuta informar que ele entendeu o problema atual, que está ciente da razão pela procura da terapia.

Com foco ou sem foco, o objetivo é o mesmo: proporcionar uma autorreflexão por parte do cliente, ao procurar o esclarecimento da demanda e propiciar uma vivência de encontro humano nas sessões.

Conflito nuclear e focal

Para French (1958), por exemplo, conflito focal é um conflito pré-consciente que aflora à superfície e permite explicar o essencial do material clínico de uma sessão. Um fator perturbador (uma pulsão ou um desejo) entra em conflito com um fator reacional (do ego ou do superego), criando a necessidade de encontrar uma solução (compromisso adaptativo ou defensivo).

Para o autor, e tantos outros, os conflitos focais derivam dos conflitos nucleares mais profundos e precoces, que se encontram latentes, recalcados, mas reativados.

Hipótese de base

É comum se repetir que o foco é a "hipótese psicodinâmica de base". O problema é que essa "hipótese" diz pouco, porque é muito abrangente. A questão permanece complicada, porque, no fundo, é isso mesmo, o foco também é a hipótese de base, porque ela está presente em qualquer compreensão de um paciente.

Edípico

Vários autores de psicoterapia breve, como Sifneos (1992/1993), por exemplo, consideram que a indicação de psicoterapia breve se dá apenas quando o foco é edípico. Não que as situações edípicas não estejam presentes para as pessoas em geral, mas, dependendo do ponto de vista teórico adotado, o motivo da consulta não gira em torno dessa questão, para a maioria dos pacientes.

Colocar o conflito edípico como o foco, como faz Sifneos, alberga em si a noção de evolução libidinal, em que apenas os pacientes mais "evoluídos", ou seja, os neuróticos, poderiam se beneficiar de uma psicoterapia breve.

Essa posição, além de não se verificar na prática, deixaria de fora a maioria das pessoas, impondo o leito de Procusto para muitos pacientes, que não se sentirão compreendidos e terão como foco questões periféricas que, para eles, não terão sentido.

Fiorini

Por outro lado, o foco, na concepção de Fiorini (1978), por exemplo, acaba contemplando vários aspectos, quase tudo. Focaliza a queixa, a demanda, os sintomas, a situação atual do paciente, seu ambiente, suas características de personalidade, tudo relacionado à sua biografia, observando-se o momento atual e o futuro; ou seja, é amplo demais.

Gilliéron

Gilliéron (1998) escreve que:

O paciente se apoia na relação com o terapeuta para manter seu equilíbrio psíquico. O que significa que o paciente centra espontaneamente a psicoterapia na problemática que o levou à primeira consulta (motivações da consulta) e, como essas motivações estão sempre relacionadas com a organização da sua personalidade, podemos afirmar que focalização incidirá sempre no ponto fragilizado da personalidade do sujeito. É esta problemática que o paciente "encena" na sua relação com o psicoterapeuta. (p. 138)

Ao referir que o "paciente centra espontaneamente na problemática que o levou à primeira consulta", Gilliéron nota que não é necessária a focalização ativa por parte do terapeuta. O paciente "encena" seu problema, que será o foco do trabalho, o "ponto fragilizado da personalidade do sujeito".

O paciente traz a questão que o angustia para a sessão e repete, com o terapeuta, seus conflitos. Daí, Gilliéron acredita que não é necessário focalizar, porque o paciente já o faz.

Mas é o terapeuta quem escolhe o foco e não o paciente. Dizer que é o paciente que focaliza, ilude a questão de que é o analista quem "escuta", quem "escolhe" o que vai ser "trazido" pelo paciente.

Embora eu entenda que o foco recaia sobre angústias ligadas às características de personalidade, não acho que este seja um dado natural, mas uma escolha.

Concordo que o paciente, a partir do tempo limitado de terapia instituído desde o início, tende a falar sobre o que o aflige. Neste sentido, ele focalizará na angústia ligada ao motivo da consulta, que será mais bem compreendida a partir da análise das características de personalidade. O reparo é quanto a acreditar que esse movimento seja natural, quando, de fato, é apenas uma das possibilidades de escuta.

5.2 Manejo do foco na sessão

Alguns autores, como Sifneos (1992/1993), circunscrevem-se ao foco, que é seguido fielmente na sessão, e Malan trabalha com a concepção de atenção e negligência seletivas, ligadas ao foco.

Na concepção de psicoterapia breve debatida neste livro, o terapeuta não precisa aplicar uma técnica ativa, na qual tenha de abandonar a neutralidade ao realizar uma "atenção ou negligência seletivas" do assunto trazido pelo paciente. O analista pode seguir as associações do paciente, continuando a utilizar-se do vértice psicanalítico.

Trato o foco, na psicoterapia breve, da mesma forma como se trataria, em uma análise comum, a questão das férias, ou de um atraso do paciente ou do analista, ou da eventual falta do paciente ou do analista em sessão anterior, ou do esquecimento do pagamento, por exemplo. Se o analista, nesses casos, estiver com tais temas ("focos temporários") na memória e só conseguir ter olhos para eles, ele (cometendo um erro técnico) escolherá tais temas, não se importando com o que esteja dizendo o paciente; sua escuta estará pervertida pela sua intenção de falar destes assuntos.

O foco deverá permanecer presente (tal como a falta do paciente na sessão anterior, no exemplo acima), pois o terapeuta sabe que ele existe, mas deverá aparecer na interpretação apenas na hora (*"timing"*) adequada. O terapeuta permanece no estado de atenção flutuante, sem se ater ativamente ao foco.

Isto é possível a partir da colocação do limite de tempo, modificador da relação entre terapeuta e paciente. Os dois, estando submetidos à pressão do tempo, a ela responderão, com a perspicácia aumentada por parte do analista e o desejo de ir rapidamente ao fundo, por parte do paciente.

Segundo Malan (1976/1981),

> o tratamento não pode deixar de ser focal, porque o paciente mostra um único tipo de problema básico ao longo de sua

vida. É provável que qualquer material que o paciente traga represente um aspecto desse problema, e tudo o que o terapeuta tem de fazer é interpretar cada aspecto à medida que apareça. (p. 260)

5.3 Foco e profundidade

O fato de haver um foco não quer dizer quer a psicoterapia breve psicanalítica não possa ser profunda. Ela será aprofundada naquele foco ressaltado, embora outros aspectos da relação que somente o tempo poderá revelar, não serão obviamente trabalhados. É claro que a psicoterapia breve é mais limitada do que o tratamento-padrão da psicanálise, o que não implica necessariamente que não tenha a sua indicação apropriada.

Critica-se a psicoterapia breve psicanalítica porque ela não seria tão "profunda" quanto uma psicoterapia de longa duração. Mas que seria profundo?

Como, aparentemente, o bom senso indica que uma psicoterapia com muitos anos de duração "deve" ser mais profunda do que uma terapia breve, fica implícito que a psicoterapia breve "deve" ser mais ligeira, mais superficial, com resultados mais modestos. Essa ideia, preconceituosa, apenas se sustenta pela dificuldade de avaliação e comparação de resultados, além de ser baseada no bom senso, mau parâmetro para iniciar uma discussão profícua.

Há diferentes maneiras de entender profundidade. Pode-se, por exemplo, considerar a sequência das fases libidinais: oral, anal, fálica e genital, sendo a fase oral mais profunda porque mais primitiva. Pré-edípico seria mais profundo que edípico, relações primitivas com os pais seriam mais profundas que relações atuais, falar do passado seria mais profundo que discorrer sobre assuntos da atualidade. Nesse sentido, quanto mais precoce, mais profundo.

Há quem considere que sonhos e atos falhos – manifestações do inconsciente – seriam mais profundos que um discurso articulado. Os núcleos psicóticos da personalidade seriam mais profundos que os neuróticos. A remodelação do sistema defensivo seria menos profunda que um *insight*. Aprofunda-se uma questão quando ela é analisada sob diferentes ângulos ao longo do tempo, o que tende a facilitar sua compreensão e *insight*.

Em relação aos resultados, às modificações "profundas" se contraporiam, segundo Gilliéron (1983/1986) "as alterações 'superficiais', como o retorno ao equilíbrio anterior, o deslocamento sintomático, a diminuição das tensões psíquicas através da mudança para um ambiente mais tolerante, etc." (p. XXVII). Neste sentido, *insight* seria mais profundo que deslocamento de sintomas, retorno ao equilíbrio anterior menos profundo que mudança de personalidade. Suporte ambiental seria pouco profundo, útil para casos graves.

Observa-se que existem diversas possibilidades de considerar algo mais ou menos profundo. O problema aparece quando se vai para a clínica. Será que tudo isso não estaria ocorrendo conjuntamente? Será que essas possibilidades são destacáveis, mesmo didaticamente? Teria sentido negar, categoricamente, que uma simples mudança de ambiente possa, em certos casos, trazer alterações e benefícios consideráveis?

Pode se considerar que aprofunda-se uma questão quando ela é analisada por diferentes ângulos ao longo do tempo, o que tende a facilitar sua compreensão e *insight*. A asserção é cabível, mas seria possível afirmar que alterações, de qualquer ordem, só possam ocorrer depois de um longo percurso de análise? Há lógica em acreditar que apenas um tempo longo promova alterações profundas e significativas?

Por que certa modificação não pode ocorrer, dadas circunstâncias específicas, em apenas uma sessão, ou após alguns meses de psicoterapia, ou até em função de um acontecimento ímpar na vida de uma pessoa? Será que a elaboração e a perlaboração terminam quando a psicoterapia acaba? Por que alguns analistas não acreditam que seus pacientes serão capazes de continuar sozinhos o trabalho que se inicia dentro do consultório?

A psicoterapia breve tem um foco e mesmo assim, as questões são trabalhadas em profundidade, não importa qual seja sua definição. Trabalha-se o passado do sujeito, suas relações primitivas, ocorrem *insights*, interpretam-se atos falhos e sonhos, o foco pode ser edípico ou pré-edípico, algumas questões são elaboradas de diversas formas ao longo de meses, da mesma forma como ocorreria em uma análise longa.

A psicoterapia breve tem sempre de lidar com preconceitos, a questão da profundidade do foco é apenas mais um deles.

5.4 A escolha do foco

Para diferentes autores da psicoterapia breve, o foco pode ser o vínculo, a questão edípica, as defesas, a pulsão, as relações objetais, um traço de caráter, um conflito, um sintoma, uma hipótese psicodinâmica de base, por exemplo.

Em todo caso, a demanda do cliente deve estar contemplada no foco, assim como seu sintoma, sua queixa, suas características de personalidade, sua crise e algum tipo de explicação psicológica.

Para mim, o foco incide no modo como o paciente lida com as angústias (de castração, de separação e de fragmentação), observadas a partir dos tipos de personalidade (neurótico, anaclítico e narcísico), como se verá no capítulo seguinte.

6
Tipos de personalidade e foco

Na psicoterapia breve psicanalítica aqui desenvolvida, a intervenção inicial, nas primeiras sessões, e a focalização estão baseadas na avaliação da angústia e dos tipos de personalidade.

Quando se tem uma análise sem prazo delimitado pela frente, a compreensão da personalidade vai sendo realizada com o tempo, de modo que não é tão importante uma avaliação psicopatológica precisa, porque os diversos aspectos do paciente aparecem ao longo do processo psicoterápico – as características de personalidade vão sendo analisadas na medida em que seus aspectos interferem no processo terapêutico e o analista terá, naturalmente, sua atenção voltada para elas.

Em uma psicoterapia breve, como o tempo é menor, a avaliação da personalidade ganha contorno diverso. Se é possível uma avaliação inicial das características de personalidade do paciente, chega-se mais rapidamente a uma compreensão da situação que o paciente apresenta.

Na psicoterapia breve psicanalítica, o foco incide no modo como as pessoas lidam com as angústias de castração, de separação e de fragmentação, observadas a partir dos tipos de personalidade (neurótico, anaclítico e narcísico), ligadas à demanda e ao motivo da consulta.

Todos nós temos um modo de reagir, de se relacionar, de pensar, de sentir, de se comportar, marcado pela maneira como somos influenciados pelas angústias básicas do ser humano, a saber: agonias primitivas (Winnicott), de separação (ou de perda do objeto), de fragmentação e de castração.

A forma como estas angústias moldam nossa maneira de ser, ao longo de nossas vidas, com as relações primitivas e com as atuais, pode ser observada nas relações de casal ou de família, na relação transferencial e nos vínculos em geral.

6.1 Tipos libidinais de Freud + Bergeret

Minha análise sobre os tipos de personalidade baseou-se no livro *Personalidade normal e patológica*, de Jean Bergeret, psicanalista francês, de Lyon, que por sua vez se fundamentou no artigo *Tipos libidinais*, de Freud.

Escolhi a contribuição de Freud e de Bergeret porque facilita uma visualização prática dos tipos de personalidade que me auxilia na clínica. Sua descrição permite uma apreensão do funcionamento psicológico do paciente, logo nos primeiros momentos da primeira sessão.

Como o foco está relacionado às angústias, de castração, de fragmentação e de separação (perda do objeto), cabe esclarecer tal ponto, a partir das formulações de Freud relativas aos tipos psicológicos.

Freud, em seu artigo *Tipos libidinais*, propõe três tipos psicológicos, classificados com base na situação libidinal, extraídos da observação e "confirmados pela experiência" (Freud, 1931/1969, p. 251). Segundo ele, estes tipos devem incidir dentro dos limites do normal e não devem coincidir com quadros clínicos, embora "possam aproximar-se dos quadros clínicos e ajudar a unir o abismo que se supõe existir entre o normal e o patológico" (Freud, 1931/1969, p. 251).

Os três tipos são chamados de tipo erótico, tipo narcísico e tipo obsessivo.

O tipo erótico (anaclítico) está voltado para o amor. "Amar, mas acima de tudo ser amado". São pessoas "dominadas pelo temor da perda do amor e acham-se, portanto, especialmente dependentes de outros que podem retirar seu amor deles". Algumas "variantes ocorrem segundo se ache mesclado com outro tipo, e proporcionalmente à quantidade de agressividade nele presente" (Freud, 1931, p. 252).

O tipo obsessivo (neurótico) distingue-se pela predominância do superego. São pessoas dominadas pelo temor de sua consciência em vez do medo de perder o amor. São indivíduos com alto grau de autoconfiança (Freud, 1931/1969, p. 252). Freud, em "O mal-estar na civilização", referindo-se ao mesmo tema, considera o tipo obsessivo como pessoa de ação, que "nunca abandonará o mundo externo, onde pode testar sua força" (Freud, 1929/1969, p. 103).

O terceiro tipo, denominado narcísico (Bergeret denomina como psicótico), é independente e não se abre à intimidação. Não existe tensão entre o ego e o superego e o principal interesse do indivíduo se dirige para a autopreservação. Seu ego possui uma grande quantidade de agressividade à sua disposição, a qual se manifesta na presteza à atividade. O amar é preferido ao ser amado. "Podem assumir o papel de líderes, não se incomodam em danificar o estado de coisas estabelecido" (Freud, 1931/1976, p. 252-3). Tende a ser autossuficiente, buscará suas satisfações principais em seus processos mentais internos (Freud, 1929/1969, p. 103).

Baseado nesses tipos apresentados por Freud e na tabela proposta por Bergeret (1974/1985) sugiro a seguinte tabela:

Tipos de personalidade	Instância dominante	Natureza do conflito	Natureza da angústia	Defesas principais	Relação de objeto
Neurótico	Superego	Superego x Id	de castração	recalcamento	genital
Narcísico	Id	Id x realidade	de fragmentação	clivagem do ego; projeção	fusional
Anaclítico	Ideal do Ego	Ideal do Ego x Id x realidade	de perda do objeto	clivagem do objeto	anaclítica

Os tipos (Freud) obsessivo, narcísico, e erótico correspondem, respectivamente, com ressalvas, aos tipos (Hegenberg) neurótico, narcísico e anaclítico, que, por sua vez, se relacionam com o neurótico, o psicótico e o estado-limite propostos por Bergeret.

Freud alerta, com razão, que os tipos puros são teóricos e que os tipos mistos, anaclítico/neurótico, anaclítico/narcísico e narcísico/neurótico são os clinicamente observáveis, "a partir da experiência" (Freud, 1931/1969, p. 253). Para Freud, o mais comum é seria o anaclítico/narcísico.

Os tipos mistos teriam características de mais do que um dos tipos retratados por Freud; o tipo anaclítico/narcísico, por exemplo, teria características do tipo anaclítico e do tipo narcísico, compondo um tipo psicológico com características próprias, singularizadas pela biografia de cada um.

Para Freud, esses tipos psicológicos não coincidem com quadros clínicos mas ajudam a unir o abismo entre o normal e o patológico. Para ele, "a experiência nos mostra que todos esses tipos podem existir sem qualquer neurose" (p.254).

Não há um tipo mais evoluído ou mais saudável do que o outro; os três tipos têm suas vantagens e suas desvantagens, os três beneficiam-se e sofrem com seu modo de ser.

A partir dessas colocações pode-se pensar que dentro desses três tipos passa-se da normalidade à patologia, com variações de grau.

Há, pois, o que é desenvolvido por Bergeret (1974/1985) o tipo neurótico normal e o patológico, assim como o tipo narcísico normal e o patológico e o tipo anaclítico normal e o patológico.

Para Bergeret, o tipo neurótico, quando doente, desenvolveria a histeria e a neurose obsessiva, o tipo narcísico a esquizofrenia e a paranoia e o tipo anaclítico, o quadro *borderline* e as perversões.

6.2 Neurótico

Mesmo a angústia de castração não sendo tão primitiva como as de separação e de fragmentação, posto que ela se impõe mais tarde, por volta dos quatro a cinco anos de idade, ela é fundamental na constituição do ser humano.

Baseado em Freud (1931/1969) e Bergeret (1974/1985) pode-se compor um tipo de personalidade neurótica, descrito a seguir.

O tipo neurótico (relaciona-se com a estrutura neurótica de Bergeret) tem no Superego sua instância dominante, sua angústia principal é de castração, o conflito é entre o Superego e o Id, a defesa é de recalcamento e a relação de objeto é genital, ou edípica.

São pessoas distinguidas pela ambição e pela competitividade, com bom controle dos impulsos, Superego severo com defesas obsessivas, relações de objeto triangulares, exibicionismo sexualizado ou mais ligados à ordem e parcimônia, obstinados, insatisfeitos, individualistas, austeros, racionais e lógicos, teimosos, submetidos a um superego punitivo. Pessoas que levam o terapeuta a querer competir na relação transferencial ou a se sentir questionado, incompetente, castrado.

Os aspectos neuróticos levam a pessoa à ação, à conquista, à busca pelo poder, à disputa. A pessoa pode ser falante, às vezes agressiva, incisiva, acusadora, pode parecer autoritária. Seu modo de se colocar no mundo sugere alguém empreendedor, agressivo nos negócios, aparentemente interessado em poder, dinheiro. Ao lidar com a castração, o neurótico deseja triunfar de modo fálico e a disputa torna-se imperativa. Competir passa a ser mais interessante que escutar ou compartilhar, embora a culpa pela conquista possa atrapalhar.

A focalização, nestes casos, passará pelas questões ligadas à castração. Os casos graves deste tipo são a histeria e o transtorno obsessivo-compulsivo.

6.3 Narcísico

Uma das angústias mais primitivas que nos acompanha é a de fragmentação. Para Klein (1952), o bebê nasce imerso na posição esquizoparanóide, cujas principais características são a fragmentação do ego e a clivagem do objeto externo em seio bom e seio mau.

Inspirado pela posição esquizoparanóide de Klein e pelas teorizações de Bergeret (1974), é possível tecer um estilo de personalidade, a partir da composição do tipo libidinal narcísico de Freud (1931/1969).

O tipo narcísico tem no Id sua instância dominante, sua angústia principal é de fragmentação, a relação de objeto é fusional, o conflito é entre o Id e a realidade, e as defesas principais são a recusa da realidade, a projeção e a clivagem do Ego.

Relaciona-se com o psicótico (estrutura psicótica) de Bergeret, que admite uma pessoa normal transitando pelos mesmos caminhos que o psicótico doente. Ele critica os aristocratas do Édipo, alertando que a personalidade não precisa se estruturar na passagem pela triangularidade para ser considerada normal.

São pessoas permeadas pela questão da organização/desorganização, são profundas, mais próximas do Id, centradas nelas mesmas, estabelecendo delicada relação com o ambiente potencialmente desestruturador.

Alguns são confusos, às vezes são desconfiados, outros são obsessivamente rígidos para evitar a desorganização.

Em geral têm um mundo interno rico, são criativos, com ideias próprias, em função de a instância dominante ser o Id.

Para se defenderem de uma opinião potencialmente invasiva e desorganizadora, podem parecer teimosos. Como a relação de objeto é fusional, defendem-se da proximidade excessiva, que pode ser fator de desorganização interna.

O terapeuta, diante destes pacientes, tende a organizá-los. Os casos graves deste tipo são a esquizofrenia, a paranoia e a melancolia.

6.4 Anaclítico

Diversos autores, como Freud (1917), Klein (1935) e Bowlby (1960), teorizaram a respeito da importância da angústia de perda do objeto, ou de separação, na estruturação do psiquismo do ser humano.

Melanie Klein foi supervisora de Bowlby, mas eles tinham visões diferentes sobre o papel da mãe no tratamento. Klein ressaltou o papel das fantasias da criança sobre sua mãe, mas Bowlby enfatizou o histórico atual do relacionamento.

Partindo do princípio de que o bebê humano nasce prematuro e depende da mãe/ambiente para sobreviver, John Bowlby, com pesquisas e publicações sobre separação nas décadas de quarenta a setenta, considerou o apego como um mecanismo básico dos seres humanos. Na sua teoria do apego, ligada à etologia, a função principal atribuída ao comportamento de apego é biológica, e corresponde a uma necessidade de proteção e de segurança.

Igualmente, durante toda a vida, o comportamento de apego está presente em intensidades e formas variadas, como por exemplo, procurar e seguir o cuidador, sorrir ou chorar. Para Bowlby, todas essas formas são observadas nas crianças e nos adultos, ao buscarem a aproximação com outras pessoas; é o padrão desses comportamentos, e não sua frequência, que revela algo acerca da força ou da qualidade do apego.

A partir de Freud (1931/1969), Bowlby (1969) e Bergeret (1974), é possível se compor um tipo de personalidade anaclítica, descrita a seguir.

O tipo anaclítico (relaciona-se com o estado-limite de Bergeret) tem como instância dominante o ideal do ego, a angústia principal é de perda do objeto (separação), a relação de objeto é de apoio ou anaclítica, a defesa principal é a clivagem dos objetos em bom e mau, o conflito é entre o ideal do ego e o id e a realidade.

Há conquista superegóica e edípica, mas eles não são os organizadores da personalidade. Nestas pessoas, a relação é de dependência com o objeto de apoio, fruto do ideal do ego que predomina.

O sujeito anaclítico se defende da depressão, que não é melancólica e que aparece quando o objeto anaclítico deixa de apoiar. São questões frequentes o conflito com o outro a partir da ambiguidade instalada com a equação dependência/ independência.

Na relação transferencial o terapeuta tende a confortar, a apoiar. São os chamados estados-limite e seus casos graves são o borderline, a personalidade antissocial e as perversões.

O tipos anaclítico e narcísico não têm o Édipo como principal instância organizadora, o que não quer dizer que não sejam influenciados por ele.

6.5 Observações sobre os tipos

Castração

A questão da castração é universal e todos os seres humanos lidam com ela, em maior ou menor grau. A diferença é que no tipo neurótico, o Édipo é central e a castração é a angústia básica de sua personalidade, enquanto no tipo anaclítico e no narcísico, normais ou não, o Édipo influencia, mas as angústias básicas são a de perda do objeto/separação e a de fragmentação, respectivamente.

Embora estes conceitos visem facilitar a aproximação clínica com o paciente, deve-se evitar qualquer visão simplificadora. Todas as pessoas são criativas em maior ou menor grau, todos se defendem de invasões, todos lidam com a castração, todos têm que lidar com a angústia de perda do objeto e de fragmentação, todos têm as características apontadas em cada um dos três tipos; é perceptível, porém, que algumas destas características predominam em uma ou outra pessoa.

Essas características de personalidade são naturalmente investigadas, pouco a pouco, ao longo de uma psicoterapia sem prazo fixo, em todos os pacientes.

Em uma PB, reconhecê-las e apontá-las, no momento dado pela procura de terapia, propicia *insight* e autoconhecimento, facilitando a compreensão da situação conflitiva que o paciente apresenta.

O foco proposto incide, então, no modo como as pessoas lidam com as angústias de castração, de separação (perda do objeto) e de fragmentação, ligadas às características de personalidade do sujeito (neurótico, anaclítico e narcísico), respeitado em sua subjetividade singular, levando-se em conta sua história de vida e o momento atual.

Bergeret – neurose e psicose

Bergeret coloca a neurose e a psicose como estruturas e o estado limite como organização. Bergeret (1974/1985) nega o estatuto de normalidade ao estado-limite, alegando que as pessoas com este diagnóstico imitam a estabilidade de uma estrutura, sem conquistá-la.

Ao mesmo tempo, ele afirma (Bergeret, 1974/1985) que um estado-limite pode parecer, no plano relacional, mais elaborado que um psicótico, o que me parece compatível com a observação dos estados-limite com quadros não severos, que é o caso do tipo anaclítico.

Quando salienta a fragilidade egóica nos estados-limite, ele também não leva em conta os vários graus possíveis de fragilidade, com suas sutis e complexas adaptações.

Bergeret vacila em relação à concepção de normalidade ao acreditar que a estrutura neurótica tem um nível elaborativo superior em relação à estrutura psicótica (Bergeret, 1974/1985, p.41), salientando, como explicação para tal hierarquia, o primado do genital.

Para ele, as estruturas neurótica e psicótica são normais, mas a neurótica seria "mais normal". Parece-me um preconceito fundado na evolução libidinal (com o genital como "superior"), que Bergeret mesmo questiona quando critica os aristocratas do Édipo, ao defender que o edípico e o pré-edípico podem ser normais.

Prefiro concordar com o artigo de Freud sobre os tipos, onde ele afirma que os tipos são uma ponte entre o abismo do normal ao patológico.

A meu ver, não há níveis de sanidade que diferenciem os três tipos de personalidade, passando, os três, da normalidade à doença de igual maneira. Não há um tipo melhor ou pior que o outro. Os três têm suas vantagens e suas desvantagens, os três beneficiam-se e sofrem pelo seu modo de ser.

Prefiro considerar a contribuição de Bergeret sem entrar na discussão da noção de estrutura e organização, sendo mais interessante pensar em termos de tipos de personalidade.

Não importa se o tipo de personalidade é imutável (fixo e estável) ou não, para sua compreensão e utilização nos moldes aqui propostos. O que interessa é a avaliação no momento da psicoterapia.

Quando penso nos tipos de personalidade, raciocino em termos de um caminho comum aos seres humanos que facilite sua compreensão, lembrando que os tipos são resultado de abstrações úteis apenas para nortear um diagnóstico da situação atual do paciente.

Importa-me mais a praticidade clínica do conceito do que a discussão sobre estruturas ou diferenças quanto ao dispêndio de energia para manter estabilidade, questões de difícil avaliação. Para mim, os três tipos despendem igual energia, porque os três tipos vão igualmente da normalidade para a patologia.

Experiência

Aos 75 anos, Freud (1931/1969) descreveu esses tipos baseado na sua experiência clínica. Ele afirmou que os tipos não coincidem com quadros clínicos, ou seja, estariam dentro dos limites da normalidade, ajudando a unir o abismo que se supõe existir entre o normal e o patológico (p. 251).

Ele vinculou sua descrição à libido: o erótico (anaclítico) está voltado para o amor, o obsessivo (neurótico) teme a sua consciência (superego) e o narcísico se dirige para a autopreservação.

Para Freud (1931/1969), os tipos puros são deduzidos da teoria da libido, mas "nos sentimos no terreno firme da experiência quando nos voltamos para os tipos mistos, que podem ser observados com mais frequência do que os não mistos" (p. 253).

Para Freud (1931/1969),

> o tipo anaclítico-neurótico-narcísico seria a norma absoluta, a harmonia ideal. Assim, damo-nos conta de que o fenômeno

dos tipos surge precisamente do fato de que, das três principais maneiras de utilizar a libido na economia mental, uma ou duas formas foram favorecidas, às expensas das outras. (p. 253)

Além disso, todos os humanos têm características dos três tipos, o que é interessante, porque assim a psicoterapia continua sendo um encontro entre pessoas singulares e não uma equação matemática.

Todos nós temos que lidar com a castração, com a (des)organização interna e com as relações de dependência. Embora todos tenhamos características dos três tipos, há um tipo (ou dois) que predomina.

O que as pessoas desses três tipos podem alcançar é a possibilidade de, a partir do encontro terapêutico, obter um conhecimento de seu funcionamento, compreender seu modo de ser e extrair dele suas qualidades e "driblar" seus inconvenientes.

Para Freud, sempre preocupado com a cientificidade da Psicanálise, se render à experiência (em 1929 ele já havia apontado na mesma direção), é porque esses tipos devem ter alguma aplicabilidade.

Os tipos de personalidade são um ponto de partida para a compreensão do funcionamento de alguém. O ser humano alberga alguns elementos em comum, mas faz deles, a partir de uma biografia única, um caminho próprio que desemboca em um estilo singular de ser. Tentar reduzir o estilo pessoal a um tipo de personalidade seria limitar o ser humano a um modelo teórico reducionista e empobrecedor.

Ao longo do tempo, em função das experiências de vida, da análise e do contato com outras pessoas, é possível uma pessoa transitar pelos tipos, tornando difícil sua avaliação, porque algumas pessoas aprendem a lidar com seu modo de ser. Em todo caso, o importante não é a precisão diagnóstica, mas saber apontar para os pacientes como estas características influenciam a sua vida e podem promover a autorreflexão.

6.6 Tipos mistos

Freud nos alerta que os tipos mistos são os mais frequentes, de acordo com a observação. Ele salienta que são três.

6.6a Tipo anaclítico/narcísico

Na pessoa do tipo anaclítico/narcísico predominam características dos tipos anaclítico e narcísico, lembrando que todos nós temos aspectos dos três tipos; então, mesmo uma pessoa com tipo anaclítico/narcísico tem características neuróticas, embora em grau menor, variável conforme o ambiente que a influenciou.

São pessoas menos explicitamente agressivas, pois falta a elas o impulso natural de ir ao mundo testar sua força, o que é comum nos neuróticos. Daí, as pessoas do tipo anaclítico/narcísico são mais tímidas, retraídas e ensimesmadas.

Não há diferença de capacidade intelectual ou de brilhantismo pessoal, mas a pessoa do tipo anaclítico/narcísico, por arriscar-se menos e testar menos sua competência, pode ficar sem parâmetros de realidade, o que pode ocasionar inclusive menor autoestima.

O anaclítico/narcísico tende a ser exigente, em função de seu ideal de ego que lhe influencia. Como lhe faltam aspectos neuróticos que lhe dariam ímpetos de se testar na realidade do cotidiano, o anaclítico/narcísico, quando inseguro, tende a exigir que o parceiro (ou familiar, ou amigo) lhe forneça o que falta, podendo se tornar uma pessoa demandante de tudo: de afeto, de quem lhe arrume trabalho, de carinho, de dinheiro, de amizade, pois sente falta de tudo isso, necessitando do outro para preencher seus vazios.

Claro está que tudo isso será mais ou menos acentuado em função das experiências de vida que teve aquele indivíduo em particular: caso tenha tido uma família suficientemente boa, pode sentir-se bem e acolhido; caso tenha sido criado em uma família pouco acolhedora, pode sentir-se inseguro e não conseguir o mínimo de que necessita. Da mesma forma, quando criado em uma família com muitos relacionamentos, tende a ter maior facilidade no contato social.

Nota-se, pois, que as exigências da vida podem influenciar sobremaneira: caso o tipo anaclítico-narcísico seja protegido demais pelo ambiente, pode se tornar muito dependente; por outro lado, se ele é impelido a testar sua força no mundo, desde que respeitado em seus limites, pode vencer grandes desafios.

Exemplo

Paciente com 37 anos trabalha em empresa de computação, em cargo sem destaque. Seu ideal de ego "gostaria" que ela tivesse mais sucesso no trabalho, mas a carência de aspectos neuróticos a deixam com essa possibilidade reduzida, o que a deixa frustrada a maior parte do tempo. Não consegue fazer amigos entre os colegas, e se ressente de que os outros se relacionam inclusive fora da empresa. Na hora de ser avaliada, percebe que o chefe prefere os colegas que se expressam com mais frequência, mas não consegue se expor mais do que já faz. Expor-se implica em ser invadida pelas opiniões alheias, o que é difícil para uma pessoa do tipo anaclítico/narcísico.

Ao mesmo tempo, ela não consegue realizar atividades fora do trabalho, embora sempre tenha planos para tanto. Além de não conseguir se organizar com horários e locais, ainda tem dificuldades de se relacionar com as pessoas. Por exemplo, ao tentar fazer aulas de dança, esbarrou em colegas já desenvolvidas. Fosse mais neurótica, ela transformaria em desafio o seu atraso; no caso, quanto mais ela se obrigava a fazer bem feito, mais se desorganizava, sem conseguir sequer entender os passos mais simples que a professora ensinava, tendo deixado a academia na terceira aula. Isso depois de passar seis meses em dúvida se iniciava, ou não, as aulas.

Novamente, a capacidade e a criatividade destas pessoas não estão em dúvida; são tão brilhantes quanto os outros tipos. Quando têm sorte e encontram ambiente favorável tanto em sua família de origem quanto no casamento ou no trabalho, se desenvolvem sem nenhum percalço e suas dificuldades passam despercebidas.

Quando são exigidas de forma invasiva, pelo trabalho ou pelo casamento, podem se tornar depressivas, astênicas ou apresentarem sintomas físicos ou psicossomáticos.

O tipo anaclítico/narcísico, segundo Freud (1931/1969), "é talvez o mais comum de todos" (p. 253). Esse tipo "une opostos, que nele podem moderar-se mutuamente. Pode-se aprender com esse tipo, quando comparado com os outros dois neuróticos, que a agressividade e a atividade vão de par com uma predominância do narcisismo" (Freud, 1931/1969, p. 253).

Com essa frase Freud quis dizer que o tipo anaclítico/narcísico é mais voltado para si mesmo do que os outros dois tipos. Tanto a agressividade quanto a atividade são "narcísicas", ou seja, menos explícitas, o que não quer dizer que estejam ausentes. Se os tipos com aspectos neuróticos em seu espectro são mais "para fora" quanto à atividade e agressividade, o tipo anaclítico/narcísico é mais sutil, mais sub-reptício, mais voltado "para dentro", mais narcísico.

O anaclítico/narcísico tende a ter um comportamento bem diferente em um ambiente novo ou familiar; no ambiente conhecido o anaclítico/narcísico se sente à vontade e pode tornar-se pessoa falante e descontraída. Mesmo em uma situação nova, quando o anaclítico/narcísico se sente confortável, ele tenderá a ficar mais à vontade, ou seja, menos perseguido pelo olhar alheio.

Quanto maior a intimidade, mais o tipo anaclítico-narcísico se impõe aos seus circunstantes. O que o tipo narcísico/neurótico faz em lugares mesmo desconhecidos, ignorando a reação da plateia, o tipo anaclítico-narcísico, mais preocupado em ter o apoio do outro, o faz em terreno conhecido.

A agressividade é menos explícita para o consumo externo, ou seja, no trato cotidiano parecem ser mais dóceis. Como aponta Freud, porém, a agressividade e a atividade estão imiscuídas com o narcisismo, ou seja, aparecem menos na relação com o público, mas estão presentes em variadas formas, mesmo quando disfarçadas.

Se todos os humanos podem ser vingativos e agressivos, o anaclítico/narcísico o será de forma menos evidente, embora não menos contundente; por exemplo, em uma separação, não briga explicitamente na frente do advogado ou do juiz, mas é capaz de enviar um mandato judicial para o local de trabalho (e não para a residência) do ex-companheiro, o que é agressivo, embora sub-reptício.

Dificilmente perde o controle em público, preferindo calar-se para depois tomar as devidas providências, em função das mesmas características de se sentir exposto, portanto invadido pelo olhar alheio.

O olhar do outro, quando é um desconhecido, é invasivo justamente pelo não controle da situação não familiar, portanto potencialmente desorganizadora.

Caso ele se sinta ameaçado por qualquer motivo factual ou íntimo, ele reagirá de forma a se recolher no seu narcisismo, fechando-se ao encontro com o outro, com o fito de evitar a desorganização interna, fruto da angústia de fragmentação que predomina em seu modo de lidar com o mundo interno.

Com o uso de álcool ou drogas, pode-se imaginar que alguns destes comportamentos possam se alterar significativamente, em função dos efeitos destas substâncias no superego, influenciando o ideal do ego e a agressividade, por exemplo.

Tempo

O tempo do anaclítico/narcísico é maior do que os tipos com aspectos neuróticos em si. A presença do aspecto neurótico empurra o anaclítico/neurótico e o narcísico/neurótico para a ação, ao passo que o anaclítico/narcísico é mais aparentemente pacato, menos apressado na realização das tarefas.

Em geral, isso exaspera o companheiro dos outros tipos porque quando o anaclítico/narcísico afirma que "vai lavar a louça" e a pia continua cheia de objetos sujos após dias, o anaclítico/narcísico acredita que vai mesmo lavar a louça, mas "para quê a pressa?"

O anaclítico/narcísico não tem pressa para a reflexão sobre o outro, tampouco. Se a louça na pia exaspera o parceiro, isso é problema do outro, não dele; o anaclítico/narcísico não passa o dia pensando se a louça suja vai incomodar alguém, ele está mais interessado no que o seu mundo interno proporciona, ou seja, um livro, a TV, o computador, uma reflexão, música, filmes, enfim o que preencher o seu tempo.

Enquanto a mãe do tipo anaclítico/neurótico se magoa porque a filha tipo anaclítico/narcísico não limpa a sala das bagunças que ela faz, a filha adolescente anaclítico/narcísico não pensa na mãe, pois o seu mundo está preenchido com outras preocupações; o que para a mãe é ato proposital da filha destinado a agredi-la, para a filha é "sem": sem preocupação, sem reflexão, ou seja, a filha nem pensou na mãe, nem para agredi-la nem para agradá-la, simplesmente em seu mundo interno a mãe não ocupou as suas preocupações daquele dia.

Embora vivida com mágoa pela mãe anaclítico/neurótico, essa indiferença é possível e necessária porque a filha anaclítico/narcísico precisa de seu espaço de vivência sem se sentir invadida pelos desejos ou ordens da mãe. Caso a filha receba o outro, a mãe, de forma intensa, a questão muito séria sobre "quem sou eu" se instituirá, porque se ela fizer o que a mãe quer o dia todo, se a mãe estiver em seu espaço interno o tempo todo, a filha vai se sentir invadida pela mãe, e terá seu mundo desorganizado pela presença excessiva da mãe em seus pensamentos e decisões.

A melhor forma do anaclítico/narcísico de lidar com isso é afastar-se afetivamente das demandas do outro, voltar-se para seu mundo interno, ignorar os desejos do outro, não refletir sobre isso tampouco.

O tempo interno do anaclítico/narcísico é mais lento do que o dos tipos com aspectos neuróticos, que são mais voltados para o mundo externo. O anaclítico/narcísico, em muitos casos, vive atrasado, porque o relógio da realidade não combina com o seu relógio interno. Na expectativa de um anaclítico/narcísico, daria tempo de sair para um compromisso com meia hora de antecedência em uma cidade com trânsito complicado, e ainda passar no tintureiro para pegar uma roupa, comprar água na padaria e estacionar o carro longe do local do encontro.

Tenho pacientes que raramente chegam no horário, por conta disso. Por outro lado, outros anaclítico/narcísicos são pontuais; claro está que as generalizações não valem para todos os anaclítico/narcísico ou seríamos apenas robôs projetados em uma agenda programada, o que não é caso; a psicanálise muito nos ensina ao se inclinar para a singularidade, fruto das histórias de vida peculiares a cada humano em particular.

O que, em geral, determina se um anaclítico/narcísico será pontual ou não é seu interesse. Quando ele está interessado, acorda na hora certa, é pontual, está ligado, atento. Quando é do interesse exclusivo do outro, o anaclítico/narcísico tende, a menos que alguma sanção esteja na pauta, a respeitar muito mais o seu tempo interno do que o desejo alheio; o que, em geral exaspera o outro. Este outro pode ser o companheiro, alguém da família, mas também o colega de trabalho, o sócio, enfim, quem convive e é afetado por este comportamento do anaclítico/narcísico.

Esse tempo interno vagueia ao sabor de seus interesses. O anaclítico/narcísico é capaz de passar o dia todo ou o feriado em casa, na frente da TV ou do computador, sem pressa alguma, sem a ansiedade que um anaclítico/neurótico ou narcísico/neurótico teriam diante de um final de semana inteiro "sem fazer nada". É capaz de passar dias sem contato direto com outros humanos, inclusive porque estas outras pessoas teriam demandas e solicitações que podem estafar o anaclítico/narcísico.

O tempo do anaclítico/narcísico é mais lento do que o do narcísico/neurótico ou do anaclítico/neurótico por conta da possível desorganização interna que o contato com os outros necessariamente implica. Estar em relação implica em ter que ser invadido pelas ideias, falas e demandas do outro, o que pode ser desorganizador, fruto da angústia de fragmentação que se impõe.

Ambiente conhecido

Por isso mesmo que o anaclítico/narcísico fica mais à vontade em um ambiente conhecido e é capaz de ser bastante ativo, falante e agressivo nestas situações, diferentemente de como se comporta em um ambiente com muitas pessoas desconhecidas.

Estar em público ou falar em público pode ser desestabilizador por conta disso; por outro lado, caso o anaclítico/narcísico esteja treinado para lidar com situações desse tipo, ele pode muito bem sair-se de forma satisfatória. Tudo depende de como ele veja o que se passa no mundo externo. Caso ele consiga manter-se a uma distância afetiva ótima do outro, ele não sentirá desconforto; observe-se que a história de vida entra aí como distintivo para cada um, modificando como se lidará em situações potencialmente complicadas.

Se um anaclítico/narcísico for criado em uma família que sempre teve muita gente agregada, seu traquejo para lidar com muita gente será diferente de um outro que teve uma família recolhida em seus domínios, silenciosa e recatada; ou seja, quando exposto desde pequeno a um ambiente animado com diversos estímulos, o anaclítico/narcísico tenderá a se sentir menos ameaçado pela intrusão do outro, porque estará habituado a estas situações, sentindo-se menos desconfortável e menos invadido.

Empreendedor

A pessoa tipo anaclítico/narcísico pode ser um empreendedor. Não é apenas uma pessoa que tenha aspectos neuróticos acentuados em seu tipo que pode ser um empreendedor. É fato que a característica neurótica empurra a pessoa para "testar sua força no mundo", como disse Freud, mas o anaclítico/narcísico também empreende, embora de forma diferente da dos tipos com aspectos neuróticos em sua configuração; por exemplo, é capaz de compor um site, mas se isenta de bater de porta em porta para difundi-lo.

É discreto em público, sem o tempero que se pode observar nos tipos compostos com aspectos neuróticos, que testam sua força no mundo de forma explícita.

A confrontação agressiva corpo a corpo é estafante para o anaclítico/narcísico. O que para um anaclítico/neurótico parece divertido, é cansativo para o anaclítico/narcísico. "Eu vendo qualquer coisa, me orgulho de ser capaz de vender um prego torto, de conseguir convencer alguém de que ele precisa do prego", disse-me um dia um amigo meu. Esse corpo a corpo, agressivo e incisivo, combina com um neurótico e não com um anaclítico/narcísico. Não é o modo como o anaclítico/narcísico empreenderia.

Apoio

O anaclítico/narcísico, sem os aspectos neuróticos que o empurrariam para fora, para o público, nem por isso deixa de precisar de apoio, visto que os aspectos anaclíticos também compõem seu tipo de personalidade.

Em um possível relacionamento entre um anaclítico/narcísico com um anaclítico/neurótico, como os dois têm aspectos anaclíticos no casal, pode se dar uma tendência dos dois se tornarem dependentes entre si, um podendo contar com o outro nos bons momentos, ou um controlar o outro nos momentos problemáticos.

O anaclítico/narcísico pode se beneficiar dos aspectos neuróticos de seu parceiro, que tenderá a ter mais energia, mais amigos, ser mais agitado, fazer mais coisas. Por um lado, o anaclítico/narcísico aprecia e admira este aspecto de seu parceiro, mas dependendo do momento do casal, isso pode se tornar uma fonte de ciúmes e de desconfianças.

Por vezes, o aspecto narcísico do anaclítico/narcísico torna-o desconfiado e invasivo, gerando discussões e brigas. O narcísico quer controlar e vigiar e o neurótico do parceiro vai querer se livrar do que observa como tentativa de jugo.

Se e quando o anaclítico/neurótico, antes inseguro, que vivia bem sob a proteção e segurança de um narcísico controlador e estável, acorda para dúvidas que antes não tinha (o que acontece em geral na meia idade), o equilíbrio do casal pode se tornar ameaçado.

6.6b Tipo anaclítico/neurótico

A pessoa do tipo anaclítico/neurótico possui características dos tipos anaclítico e neurótico, compondo um tipo de pessoa com peculiaridades observáveis que auxiliam na hora de trabalhar estes aspectos com o casal na sessão.

Em relação ao tipo anaclítico, de acordo com Freud (1931/1969), algumas "variantes ocorrem segundo se ache mesclado com outro tipo, e proporcionalmente à quantidade de agressividade nele presente" (p. 252).

Quando Freud se refere à quantidade de agressividade presente no tipo anaclítico, podemos relacioná-la aos tipos mistos:

anaclítico/neurótico, considerando que esse tipo é mais ativo, tem uma agressividade manifesta dirigida para o exterior, para o mundo, onde pode testar a sua força; enquanto o tipo anaclítico/narcísico é mais voltado para seu mundo interno, justamente por conta desta agressividade que, embora exista como em qualquer humano, tem dificuldade para se expressar claramente.

As pessoas do tipo anaclítico/neurótico, pelo fato de terem ao seu dispor o arsenal neurótico, são pessoas mais incisivas, mais voltadas para o mundo exterior do que o tipo anaclítico/narcísico. Algumas das características anaclíticas são comuns, como a relação de apoio, a dependência do olhar do outro e sua correspondência com o ideal do ego, mas os aspectos neuróticos alteram as características gerais, compondo um outro tipo de personalidade.

Podem ser controladores, em função de sua angústia de perda do objeto. Fruto de seu receio em ser abandonado, anaclítico/neurótico pode ser manipulador quando suspeita não ser amado; pode articular situações para ver comprovada a intenção alheia. Muitas vezes, se sente magoado ao sentir que não é contemplado com o amor que supõe merecer.

Como o tipo anaclítico/neurótico, em geral, tende a cuidar do outro, em função de conseguir enxergar a necessidade alheia, fruto de seu receio em ser abandonado, ele pode se sentir desprestigiado ao não ser suficientemente reconhecido em seus esforços para agradar/cuidar, gerando conflitos comuns à vida de um casal.

Exemplo

No aniversário de casamento, uma esposa do tipo anaclítico/neurótico programa um jantar a dois, com os cuidados devidos, a luz de velas, música, roupa romântica; seu cônjuge anaclítico/narcísico chega em casa cansado, depois de um dia estafante, onde se sentiu invadido por um chefe exigente e autoritário.

Ela, ansiosa por se sentir atraente e amada, fica chocada quando o marido entra em casa e nem percebe que a sala está arrumada para um momento especial. Ele entra, vai ao chuveiro onde fica durante intermináveis 40 minutos e sai de pijama, exausto e sem palavras, caindo direto em frente à televisão.

Ela se irrita porque ele não se lembrou do aniversário de casamento; nem uma flor, nem um telefonema, nem um beijo especial: nada, só esquecimento.

Ela se sente desconsiderada, abandonada, não amada. Resultado: discussão de relacionamento, com direito a choro, brigas e indignações de parte a parte.

Notem-se os comportamentos: a esposa anaclítico/neurótica, inclinada para amar e ser amada, em função de seu estilo voltado para o mundo, constrói a cena de um jantar a dois. Ela espera ser reconhecida em seus esforços evidentes de demonstração de carinho, pois seus aspectos neuróticos a levam à ação, enquanto o marido, como faz todos os dias, entra e vai para o chuveiro, nem percebe a sala mal iluminada e preparada para a comemoração.

Situação comum nas queixas de casal; o cenário pode se alterar no conteúdo, mas a lógica da interação é a mesma. Um ator espera ser reconhecido em seu empenho de cuidados, na busca por amor e acolhimento; o outro, em seu mundo narcísico, nem nota o esforço alheio, está tranquilo em seu mundo confortável.

Em nosso exemplo, a esposa está em busca de demonstrações de amor e carinho, influenciada pelos seus aspectos anaclíticos e neuróticos, ou seja, a mesa está posta de forma obsessivamente organizada e decorada e ela, sedutoramente vestida para a ocasião. Ela foi ao mundo para agir de modo agressivo, no dizer de Freud, ou seja, com ações no exterior. O marido, em seu universo anaclítico/narcísico, nem se lembrou do aniversário e nem percebeu os movimentos da esposa.

6.6c Tipo narcísico/neurótico

A pessoa do tipo narcísico/neurótico possui características dos tipos narcísico e neurótico, compondo um tipo de pessoa com traços dos dois tipos considerados.

Como os aspectos neuróticos se manifestam nitidamente, a tendência desse tipo de personalidade é se apresentar ao outro de forma obsessiva ou histérica.

Esse tipo, devido aos seus aspectos neuróticos, tem uma quantidade de agressividade maior do que o tipo anaclítico/narcísico. Em função disso, compõe um tipo que necessita se defender das invasões do mundo exterior para não se desorganizar, mas isto é feito utilizando suas características histéricas ou obsessivas.

Em geral, assim como no caso do tipo anaclítico/neurótico, as pessoas do tipo narcísico/neurótico podem ser consideradas como obsessivas ou histéricas, em função dos traços neuróticos que acompanham o tipo. A diferença é que o modo histriônico ou obsessivo de estar no mundo, está a serviço de evitar a desorganização interna no caso do narcísico/neurótico e está a serviço de evitar o abandono, no caso do tipo anaclítico/neurótico.

Características histéricas e obsessivas

Os traços histéricos de manter o outro em estado de sedução parecem servir a uma personalidade insatisfeita, como nos faz acreditar os elementos edípicos da castração, mas podem também estar a serviço de uma personalidade que se defende da invasão alheia, que para se manter coesa internamente precisa que o outro esteja à uma distância afetiva segura.

A sedução histérica da gata manhosa, que atrai e afasta, logo remete a uma pessoa insatisfeita, que não suporta a falta, o terceiro, a exclusão edípica. Por outro lado, é também possível pensar em uma pessoa assustada, que mantém o outro a uma distância segura, que se defende de uma possível invasão de seu Eu. Sob a regência da angústia de fragmentação, esta pessoa afasta o outro com receio da influência alheia, posto que o outro, com sua presença, sempre impõe um questionamento, sempre invade de alguma forma.

Manter o mundo inalterado, ou seja, compor um cotidiano obsessivamente organizado pode ser apenas uma forma de se manter coeso e organizado internamente.

Em outras palavras, esse tipo apresenta características tanto neuróticas (castração) quanto narcísicas (fragmentação); para compreender seu estilo, os dois elementos se compõem e se complementam. Em geral, nesse tipo de personalidade, intervenções voltadas para a castração (como falar sobre limites, hierarquias, impotência, dificuldades para escutar o outro), apenas reforçam a ideia de que a histérica e o obsessivo resistem à interpretação; quando são oferecidas observações dirigidas para a angústia de fragmentação (como se sentir invadido, desorganizado), o narcísico/neurótico responde de maneira compreensiva e colaborativa.

Teimoso e competitivo

O narcísico/neurótico tende a ser teimoso como forma de defesa para não se desorganizar; se eu não escuto o outro porque eu estou certo do que eu digo, ou seja, sou teimoso, o resultado é me manter coeso com minhas ideias.

Se o tipo narcísico/anaclítico faz isto de forma cautelosa e silenciosa, o tipo narcísico/neurótico cumpre tal função de forma explícita e impositiva.

É comum as pessoas do tipo narcísico/neurótico estarem adaptadas ao mundo atual competitivo, muitas vezes ocupando cargos de chefia, podendo ser presidentes, diretores, pois possuem características desejadas para estes lugares de autoridade. Neste sentido, seu estilo agressivo, fruto de seus aspectos neuróticos, se alia a seus aspectos narcísicos, onde a opinião alheia tende a ter menos importância do que no caso do tipo anaclítico, qualidades exigidas para um chefe que não pode ser democrático a todo instante.

O tipo narcísico/neurótico pode se tornar autoritário, e muitas vezes grita para não escutar, discute para não precisar ser questionado, posto que as opiniões alheias e as dúvidas levantam invasivas angústias potencialmente desorganizadoras, enquanto as certezas mantêm o status quo interno.

O sujeito narcísico/neurótico muitas vezes faz o que quer, na hora em que assim o entende, decide, age, em função de seus interesses, sem grande preocupação com o desejo do outro. Escolhe o local da viagem, o tempo, os hotéis e o roteiro, ou dá ordens para que assim se cumpra.

Uma pessoa autoritária, incisiva, às vezes agressiva, outras vezes arrogante, pode apenas necessitar destes mecanismos como defesa de sua organização interna, ou seja, utiliza-se destas características como forma de lidar com sua angústia de fragmentação.

Exemplo de um casal anaclítico-narcísico
e narcísico-neurótico:

Em um típico bar brasileiro lotado, onde o garçom ocupado não olha ao seu redor com o objetivo de não ser chamado, o anaclítico/narcísico tende a demorar a ser atendido, em função dessa dose de agressividade explícita que lhe falta.

Em muitos casais este simples fato é gerador de brigas e confusões: uma esposa do tipo narcísico/neurótico, por exemplo, espera um tempo o seu marido anaclítico/narcísico chamar o garçom; só que o tempo do anaclítico/narcísico é bem mais elástico do que o tempo do impaciente narcísico/neurótico.

Após algumas leves discussões em voz baixa, como "estou com fome, você não vai chamar o garçom?", a irritada esposa narcísico/neurótico, olha furiosa para o marido atônito, levanta-se, bate na mesa e grita até o garçom chegar correndo, ao que ela acrescenta: "é assim que se faz, seu banana!" Já presenciei situações como essa, mais comum do que se imagina.

A questão não é de ser banana, é que essa exposição aos gritos coloca o anaclítico/narcísico em situação desconfortável; ele não gosta de se sentir exposto em público, porque se sente invadido pelo olhar do outro ao se perceber notado. Prefere passar despercebido em função de sua ansiedade persecutória, acentuada pela presença do desejo de ser amado, onde a opinião do outro importa, assim como o olhar supostamente crítico da plateia.

A impulsividade e a agressividade do narcísico/neurótico atenua sua ansiedade persecutória, pois a presença do outro é menor dentro de si mesmo, em função dos aspectos neuróticos de sua personalidade, que dá um tom mais voltado para o exterior, para a ação.

Menos ou mais neurótico

Observe-se, então, que a presença ou a ausência dos aspectos neuróticos, modificam de maneira fundamental o modo como o aspecto narcísico se manifestará no cotidiano de um anaclítico/narcísico ou do narcísico/neurótico.

Se o tipo anaclítico/neurótico também faz e acontece, ele leva em consideração o outro, porque pretende agradá-lo, em função de sua angústia de perda do objeto; no caso da pessoa do tipo narcísico/neurótico a questão é outra, na medida em que agradar não entra em pauta. Disso se queixam, muitas vezes, os circunstantes.

A liderança do tipo narcísico/neurótico se dá justamente em função destas características de personalidade; como ele tem dificuldade em escutar e levar em consideração a opinião alheia, ou suas ideias são boas e serão destinadas a um futuro promissor, ou suas ideias estão ultrapassadas e o barco poderá afundar.

7
Exemplos

Mesmo ciente de que os tipos simples não ocorrem na prática clínica, fornecer alguns exemplos auxilia na hora de compreendê-los.

7.1 Características da pessoa do tipo Neurótico

Diante do estilo Neurótico, o terapeuta tende a competir. Muitas vezes, o analista pode irritar-se ou tornar-se agressivo, proteger-se da agressividade do outro ou até rejeitá-lo. Esses sentimentos estão ligados à competição que se estabelece. Por vezes, a reação do terapeuta é ser cuidadoso com o que fala porque se sente "checado". Pacientes do tipo Neurótico discordam, desafiam, colocam o terapeuta em posição de defesa.

Sentir-se humilhado ou preocupado em não humilhar (ou preocupado com essa questão), medir as palavras para não ofender, sentir-se ofendido ou pressionado, querer mostrar erudição, sentir-se inútil ou incapaz, ficar indignado, são também situações que denotam competição, que, em geral não é explícita, mas sutil.

Pessoas do tipo Neurótico podem desconsiderar o que o terapeuta fala, não deixar espaço algum para que o outro fale, passar a elogiar outros terapeutas ("aquele sim é que era bom e me entendia"), ou mostrar que sabe mais do que o terapeuta, discorrendo sobre assuntos da área "psi". São maneiras de diminuir o analista, uma forma de competição.

Outra forma de competição é tentar tirar o terapeuta de seu lugar de saber, por exemplo, tornando-o seu "amigo", querendo estabelecer uma conversa de comadre, o que desqualifica o profissional.

Outra forma de ataque ao enquadre se dá chegando atrasado ou tentando prolongar a sessão. Há pacientes que mal escutam o que se lhes diz durante a sessão, falam sem parar e, no fim, querem continuar a consulta e ainda acusam o terapeuta, afirmando que nada falou.

Muitas vezes, as pessoas de tipo Neurótico são instigantes, cativantes e sedutoras, daí a tendência do terapeuta é ficar curioso com o que conta o paciente.

Pessoas do tipo Neurótico mais bem-resolvidas, podem estabelecer relações de igual para igual, nas quais os limites e a competição tendem a assumir proporções sutis que em nada atrapalham.

Pacientes Neuróticos podem negar a castração: valorizar sobremaneira seu analista, ou se apaixonar por ele, pode ser uma forma de negação das diferenças em que a castração aparentemente não transparece.

Há pessoas que raramente chegam na hora, porque precisam mostrar que são "ocupados" e não "estão à disposição" do terapeuta, o que pode ser uma forma de competição (nem todos os atrasos têm essa conotação).

Em relação ao pagamento, alguns pacientes relutam em pagar o preço da consulta e solicitam descontos. Não importa se podem ou não pagar –a questão é levar vantagem, comparar, competir. Obviamente, nem todos que pedem desconto estão nessa situação.

Mais uma vez, a reação emocional do terapeuta é decisiva para entender o que se passa na sessão. Por exemplo, o paciente que pergunta sobre a formação do analista, ou sua idade, ou sua abordagem psicoterápica, pode estar assustado e desconfiado, pode estar necessitando de reasseguramento, ou pode estar checando e competindo. Cabe ao analista estar atento ao que ele próprio está sentindo em cada situação.

Infelizmente para o padrão "objetivo" da ciência, e felizmente para o ser humano, basear a análise das sessões na percepção do terapeuta envolve considerável risco. Esse é o componente "artístico" de uma análise, é o que torna cada atendimento singular, é o que permite que o encontro seja humano em essência e que aquele par analítico seja único. Claro que isso implica na obrigatoriedade da análise pessoal do terapeuta, na tentativa contínua de torná-lo cada vez mais consciente de suas próprias questões psicológicas e mais bem preparado para separar seus problemas dos de seus pacientes.

Quanto mais caricato, mais grave o caso, mais acentuados surgirão os sinais descritos acima. Quanto menos complicado o paciente, ou quanto mais analisado ele for, mais sutis surgirão suas características.[9]

---

9   Cabe ressaltar que nenhum comportamento ou fala, mesmo típicos, define o tipo de personalidade. É o conjunto das características e sua expressão na relação com o terapeuta que delineiam o quadro.

A questão da castração e como ela interfere nas relações pessoais destes indivíduos, até mesmo na relação transferencial, surgirá na terapia com o tipo Neurótico.

Exemplo

Lembro de supervisão cujo relato informava que a paciente havia chegado à primeira consulta com a queixa de não saber o que fazer com seu casamento, abalada por causa de um amante.

A paciente procurou a terapeuta por intermédio de um anúncio no jornal da cidade, e deixou recado na secretária eletrônica querendo marcar consulta. A terapeuta teve de ligar três vezes até encontrar a paciente (Nair).[10] A consulta foi marcada, mas Nair desmarcou na manhã do dia combinado, alegando ter de viajar, afirmando que voltaria a ligar outra hora.

Sempre baseado em suposições e não em certezas, o que faz uma pessoa procurar um analista por anúncio em jornal? No caso de Nair, a escolha sem indicação criteriosa, a demora para retornar a ligação da terapeuta na primeira vez, o fato de desmarcar a consulta, faz pensar nas dúvidas que ela tem em relação ao atendimento. São hipóteses, é claro, mas já fornecem material para reflexão.

Duas semanas depois, volta a telefonar e a remarcar a consulta. Ao telefone, anuncia que o motivo da viagem teve a ver com seus problemas atuais. Não entra em detalhes, deixando a terapeuta curiosa.

No dia marcado, chega desacompanhada, com quinze minutos de atraso. Vestia-se com roupas da moda, de cores

---

10 Os nomes dos pacientes são fictícios. Algumas alterações, como datas e locais, por exemplo, também foram feitas em nome do sigilo.

exageradas e de maneira discrepante com sua idade aparente. Em suma, parecia uma 'perua'.

O que significa demorar duas semanas para remarcar a consulta? Pode ser apenas um imprevisto, pode ser mera desorganização costumeira, pode ser dificuldade em admitir a importância que está dando ao atendimento, por exemplo. O fato de a terapeuta ter ficado curiosa para saber a história que teria motivado o adiamento da consulta e de a paciente chegar atrasada, faz-me pensar nesta última hipótese, porque a situação parece invertida, ou seja, é a terapeuta que precisa da paciente (para saber o que se passou, para entender o que se passa) e não a cliente (que desmarca e atrasa) que precisa da terapeuta.

Em outras situações, quando isso ocorre, o terapeuta pode ficar com raiva, desinteressado, indiferente, etc. Dessa vez, estava curiosa.

Logo ao chegar, Nair abraça e dá um beijo na terapeuta como se a conhecesse, deixando-a em dúvida: "Será que já nos conhecemos?".

A terapeuta oferece café ou água, ainda na sala de espera, e pergunta se ela quer ir ao banheiro, o que a paciente recusa. As duas entram na sala de atendimento, paciente na frente, como se conhecesse o caminho. Ela escolhe um lugar para sentar, ajeita sua bolsa na poltrona ao lado e nessa hora toca o celular. Enquanto Nair atende ao celular, chama a atenção da terapeuta o sapato vermelho da paciente.

Observe-se que a paciente beija e abraça a terapeuta como se já a conhecesse, até deixando-a em dúvida. Com isso, ela está tentando tirar a analista de seu lugar, ou seja, de profissional que supostamente sabe, que está lá para ajudar clientes. Nair, ao dar beijos e abraços, tenta tirar a formalidade e o profissionalismo da situação, ou seja, diluir o seu lugar de quem precisa de ajuda. A terapeuta "entra" na armadilha da paciente na hora em que oferece café ou pergunta se ela quer ir ao banheiro, circunstâncias mais apropriadas para o chá da tarde.

A cliente entra na sala como se fosse a coisa mais comum na vida, o que não é. Supostamente, um primeiro encontro, em qualquer circunstância, já é ansiogênico, ainda mais uma primeira consulta com um terapeuta a quem se vai falar de dificuldades íntimas.

O que ela "pretende" é "fingir" (para ela mesma) que o que está acontecendo não é muito relevante, é apenas um "papinho" sem importância, porque ela, no fundo, não precisa de ninguém para ajudá-la. Necessitar de ajuda é sinal de que não se está conseguindo resolver algo, é reconhecer limites, é lidar com a castração.

Ela termina de conversar com a filha ao celular, pede desculpas, olha para a terapeuta e pergunta: "O que eu devo falar?". Antes mesmo que a terapeuta possa esboçar qualquer reação, Nair passa a contar que está angustiada por não saber o que fazer em relação ao seu casamento. Fala incessantemente e a terapeuta não tem espaço para se manifestar.

Esta pode ser considerada a primeira fala significativa da paciente na sessão: ao mesmo tempo em que pergunta "o que devo falar", Nair não espera resposta. Ela pergunta e responde sozinha à sua própria questão, "como se" não precisasse da analista.

A terapeuta sente que não está conseguindo acumular tanta informação ao mesmo tempo, acha que não vai dar conta de lembrar tudo o que está sendo dito.

Sente-se nada fazendo, porque não consegue falar. Nas poucas vezes em que tenta dizer algo, parece que Nair não a escuta, até fala por cima do que ela aponta. A terapeuta julga, nesse ínterim, que Nair está muito angustiada, que precisa falar muito e o melhor a fazer é calar-se e ouvir.

Note-se que a terapeuta está lidando com a castração, pois não consegue falar, porque sente que não vai lembrar de tudo depois, porque percebe que Nair não lhe dá a devida importância, sequer a escuta. A terapeuta conforma-se e acredita que o melhor é deixar a paciente falar, porque "é disso que ela precisa". A sessão transcorre sob o signo da competição, da castração.

Ao chegar perto do término da sessão, a terapeuta começa a ficar preocupada em como vai encerrar a consulta, porque a paciente não para de falar.

Nair está chorando e contando o que a aflige, o tempo da sessão já terminou, mas a terapeuta não consegue encerrar no horário; 15 minutos depois do horário de acabar, na tentativa de terminar a consulta, ela diz que a paciente está nervosa, precisando falar bastante de seus problemas e que seria necessário encerrar, e que uma nova sessão poderia ser marcada para que elas se conhecessem melhor e o assunto pudesse progredir.

Nesse momento a paciente pergunta: "O que você pode me dizer de tudo o que eu falei, por favor".

A paciente tenta seduzir a terapeuta querendo ouvi-la. Como é Nair quem determina a hora em que a terapeuta pode falar, agora seria o momento "permitido".

A terapeuta sente-se cobrada, obrigada a dizer algo significativo, sente-se impotente para ajudar a paciente e sem graça de terminar a sessão, porque sente que "nada aconteceu".

A terapeuta sente que não tem o que dizer, fica achando que a paciente vai embora sem ter ouvido nada e termina por considerar que conduziu mal a sessão. Ela encerra a consulta com a impressão que talvez Nair não retorne, porque sente que nada ocorreu, ou seja, termina a sessão se sentindo impotente.

Observe-se que a castração é o tema predominante na sessão. A paciente chega atrasada e não respeita o horário do término, ou seja, é ela quem determina o começo e o fim da sessão e quando a terapeuta pode falar. Procura tirar a terapeuta de seu lugar de suposto saber, na medida em que a beija como se fossem amigas, tentando criar uma intimidade que serve para amenizar a assimetria da relação, em que, teoricamente, é Nair quem procura ajuda. Essa ajuda já é camuflada ao se desmarcar a primeira consulta, marcando-a para duas semanas depois, como se o caso não fosse "tão urgente" assim, ou como se Nair não precisasse tanto assim de ajuda.

Isso aparece de novo no atraso de 15 minutos, ou ao falar ao celular (nem todos os que atendem celular na hora da consulta são pessoas do tipo Neurótico, lembre-se), mostrando que há coisas mais importantes na vida dela que a terapia e a terapeuta.

Colocar-se na posição de quem precisa de ajuda e respeitar sua terapeuta, faria Nair sentir-se castrada, com limites, o que para ela seria angustiante demais naquele momento.

Pode-se perceber que é possível, baseado nestes primeiros movimentos da sessão, fazer uma apreciação do tipo de personalidade da paciente, lembrando que são sempre suposições aguardando confirmação ou refutação.

Note-se o quanto já é possível compreender a situação e a paciente, mesmo sem nada saber do conteúdo que ela trouxe. Às vezes, é possível e até desejável que se aponte algumas dessas questões para o paciente, propiciando que ele se sinta compreendido.

Em relação ao conteúdo, Nair relatou sua angústia diante do marido e do amante. Mulher de 42 anos, casada há vinte, com dois filhos adolescentes, morava em Belo Horizonte e seu marido foi transferido para São Paulo há quase dois anos. Seu pai era um sujeito violento, agressivo e autoritário e sua mãe uma pessoa distante afetivamente, com nítida preferência pelo irmão mais novo.

Quando estava em Belo Horizonte, ela mantinha um relacionamento com um sujeito, casado, de 28 anos. Ela era sócia dele, resolvia todos os seus problemas conjugais e financeiros. Quando a esposa dele teve um filho há quatro meses, ela foi a Belo Horizonte auxiliar nas lides domésticas. Como a empresa que ela deixou para o amante não está indo bem, ele exige que ela retorne para Belo Horizonte, ameaçando contar tudo para seu marido.

Ela se queixa que o marido é distante, embora reconheça poder contar com ele. Em Belo Horizonte ela possuía dinheiro próprio e não precisava pedir para o marido, o que agora acontece. Ele é atencioso com os filhos, cuidadoso com ela, faz as vontades dela, não lhe recusa dinheiro; eles têm uma vida confortável.

O amante e sua família vivem às custas do dinheiro do marido de Nair. Mesmo assim ele não está satisfeito, ele requer a presença dela em Belo Horizonte para ajudar na empresa e para auxiliar na criação de seu filho, já que a amante e a esposa são amigas.

Ele encontrou um jeito de entrar nos e-mails do marido e envia mensagens sugerindo que ela o está traindo, na tentativa de separá-los. Nair, diante das ameaças do amante, já havia alertado seu marido contra esta situação, antes que ela tivesse ocorrido, o que o acalmou.

A dúvida de Nair é se ela deve ou não se separar e voltar para Belo Horizonte. Fazendo isso, ela sabe que não se casará com o amante, porque ele não quer se separar da esposa. Saindo de São Paulo, ela perderá o dinheiro do marido e terá de se sustentar sozinha, bem como a "nova família".

São todas estas situações, contadas em ricos detalhes, que Nair relatou: intermináveis e mirabolantes histórias de como o amante entra na internet e sabota e-mails, como ele a "obriga" a viajar para Belo Horizonte, por exemplo, como ocorreu quando o filho dele nasceu e ela teve de resolver as questões do hospital, do enxoval do bebê, ensinar a dar banho, etc.

Intervenção inicial

Nair queixa-se de não saber o que fazer: deve separar-se ou não? Seus sintomas são: está angustiada, deprimida, tem insônia, come mal, acorda à noite, chora muito, emagreceu cinco quilos, está com gastrite e dor de cabeça.

Observe-se que conflito, queixa e sintomas são coisas diferentes.

O objetivo da primeira sessão é conseguir elaborar uma intervenção inicial pertinente ao conflito da paciente. Os primeiros movimentos da paciente, sua primeira fala significativa e a reação emocional do terapeuta são o veículo para chegar a essa interpretação.

Com base nestes três elementos, pode-se supor que o conflito desta paciente esteja ligado à castração. Em Belo Horizonte, ela estava estabilizada porque tinha poder, não se sentia castrada porque era dona de uma empresa que ia bem, não pedia dinheiro para o marido e ainda sustentava um amante e sua esposa, frequentando a vida do casal e dando palpites. Em sua casa, sentia-se bem com o marido que a respeitava e com os filhos que iam bem na escola.

Cabe elucidar que a paciente, desde o começo, percebia, com clareza, estar sendo usada e chantageada pelo amante, a quem tratava como um bebê mimado e incapaz, e que, no fundo, gostava do marido e da convivência com ele e com os filhos, não querendo perder a família que havia construído com ele.

Ao se mudar para São Paulo, a situação, antes confortável, complicou-se. Ela perdeu sua fonte de renda porque o amante é incompetente nos negócios, perdeu seu dinheiro próprio passando a depender do marido, os filhos estão com dificuldades de adaptação na escola, exigindo cuidados. Ao mesmo tempo, o amante passou a se queixar de abandono, ameaçando contar tudo se ela não voltar para Belo Horizonte e resolver a vida dele.

A situação pode parecer absurda, mas a dúvida (separar-se ou não) é procedente. Em Belo Horizonte ela era poderosa e em São Paulo não; esse é seu conflito e é sobre esse ponto que a interpretação inicial se focalizará.

Esse ponto surgiu logo de início. Desde o começo, a paciente tende a mostrar para a terapeuta, na relação, que ela é autossuficiente e poderosa e que não precisa de ajuda, demonstrando seu conflito ligado à castração.

A intervenção inicial deve ser a mais simples possível, a mais próxima do conflito vivido no momento atual, para que a paciente entenda o que se passa e que a situação ganhe sentido.

Algo do tipo: "Sua dúvida em relação a separar-se está mais ligada ao tipo de vida que você levava em Belo Horizonte e leva aqui em São Paulo do que a escolha entre os dois homens. Lá, você tinha dinheiro, era empresária e comandava tudo a contento, até mesmo a vida e a família do senhor A. Aqui, você está sem autonomia, tem de pedir dinheiro ao marido e se sente frágil e sem importância. Se você voltar para Belo Horizonte, parece que poderá se sentir importante e capaz de novo. Se ficar em São Paulo, terá mais trabalho para construir uma nova vida na qual você se possa sentir valorizada novamente".

Uma vez clareada a situação, a paciente teve mais condições de decidir se queria mesmo ir para Belo Horizonte, ou estava apenas em conflito de se separar, em função de seu quadro atual em que se sentia sem poder algum aqui em São Paulo.

A relação transferencial, com todos os "jogos" de sedução e competição que ocorreram, foram fundamentais para mostrar para a paciente como é seu funcionamento em relação à castração e como é importante para ela se sentir "poderosa". Trabalhando essa questão nas sessões iniciais foi possível combinar um tempo de psicoterapia breve compatível com a urgência de suas decisões.

O foco, no caso de Nair, centrou-se na questão de sua falicidade/castração, a ser explicitada no triângulo constituído pela relação com os dois homens (conflito atual), com a terapeuta (relação transferencial) e com o pai (relação primitiva).

Esta paciente não estava em crise e seu modo de ser histérico estava bem- estabelecido. Não pareceu uma pessoa com motivação para mudança. Nesse caso, a psicoterapia breve foi indicada e houve tempo suficiente para entender essas questões relativas ao seu tipo de personalidade.

Uma terapia de alguns meses para compreender o que foi levantado já é um bom começo e preparo para uma terapia posterior, se houver interesse.

Qualquer preconceito em relação à falicidade de Nair deve ser posto de lado. Uma pessoa pode querer (ou precisar) ser "poderosa" sem que isso seja prejudicial ou condenável. Apenas faz parte de seu ser e, bem integrado em sua maneira de viver, pode ser fator propulsor de benefícios para ela e para seus circundantes.

7.2 Características da pessoa do tipo anaclítico

Quanto ao tipo anaclítico, a relação de objeto é anaclítica, ou seja, de apoio. Há uma relação de dependência, os dois pais não são sexuados, mas "grandes". Há necessidade de afeto, de apoio e de compreensão. O Ego é frágil.

O objeto anaclítico tem o papel de superego auxiliar e ego auxiliar, ora protetor, ora interditor. A instância dominante é o ideal do ego, em quem o sujeito se espelha. A angústia é de perda do objeto, do qual ele se torna dependente.

A angústia depressiva, da qual o anaclítico se defende, aparece quando o objeto de apoio ameaça escapar. A depressão não é melancólica (mais ligada ao ódio voltado para si), mas depressão "neurótica".

São pessoas que se relacionam com ideais, daí ser difícil escapar da opinião alheia. Assumir sua própria vontade sem se importar com o outro é tarefa difícil para esse tipo.

A relação de dependência ou independência não é buscada sem conflito. O paciente de tipo anaclítico, na maioria dos casos, tenta escapar do desejo do outro, procura ter opinião própria e gostaria de não depender de ninguém.

Com a experiência de vida (ou com terapia), esses indivíduos podem lidar de forma mais tranquila com essas questões; em todo caso, o conflito passa por aí, ou seja, como estar com o outro em situação confortável.

Não que a disputa ou o desejo de lutar e vencer não exista na pessoa do tipo anaclítico, pois disputar e conquistar fazem parte do ser humano. A diferença é que para o anaclítico isso não é fundamental, como o é para o Neurótico.

O Superego existe nos três tipos de personalidade como em qualquer ser humano, mas no anaclítico o organizador da personalidade é o Ideal do Ego, trazendo a vergonha (mais do que culpa) como questão importante, vergonha de não cumprir com o esperado pelo ideal.

Não sendo pessoa competitiva por princípio, o tipo anaclítico induz o terapeuta a acolhê-lo; em geral, é respeitoso, é cuidadoso com horários e, embora se queixe do preço da consulta, admite que o valor do profissional não se discute.

Geralmente ele escuta seu terapeuta mesmo que ainda esteja no meio da frase, porque lhe interessa a opinião do outro. Se os pacientes neurótico e narcísico falam ao mesmo tempo que o terapeuta e parecem não escutá-lo, o anaclítico até interrompe o que está dizendo para ouvir.

É preciso sempre cuidado com generalizações. Por exemplo, um paciente deprimido, de qualquer tipo de personalidade, tenderá a escutar mais e falar menos, escapando do que acabou de ser descrito. Às vezes, um paciente do tipo anaclítico, quando está muito ansioso, pode não escutar nada nem ninguém. Ao generalizar-se, corre-se o risco de se estancar diante das idiossincrasias. É o "conjunto da obra" que faz o diagnóstico, nunca um fator isolado.

O anaclítico não parece preocupado em competir, embora seja exigente para se entregar, pois, para tanto, precisa confiar. Está atento aos movimentos e às palavras do terapeuta porque deseja ser cuidado.

Assim, indivíduos desse tipo são mestres em perceber o que se passa; estão "treinados" para perceber o outro, com o fito, inconsciente, de se localizarem e saber como reagir para obter apoio.

Estão atentos ao outro e podem com isso ser sedutores e encantadores, enquanto estão à procura de saber o que fazer para "agradar", ou seja, se localizar para obter apoio.

A pessoa do tipo anaclítico foge da depressão, da sensação de vazio e da angústia da solidão.

Na maioria das vezes não são ingênuas ou se entregam para qualquer um. Quanto menos complicado o caso, ou "mais bem resolvida" a pessoa, mais ela vai saber "disfarçar" (sem perceber) dos outros e dela mesmo suas necessidades de apoio.

Há várias maneiras de conseguir apoio sem necessidade de pedir. Por exemplo, alguém que cuida do outro está, de algum modo, se garantindo contra a solidão. Numa relação, por exemplo, quanto mais comprometido for o parceiro, mais dependente ele será, daí a dependência do "cuidador" ficará camuflada e nem se perceberá quem precisa mais de quem.

Outra boa maneira de obter apoio, acreditando não depender de ninguém, é ter seguidores. Um ator famoso e seu séquito, um professor e seus orientandos, um analista e seus supervisionandos e clientes, um patriarca da família, por exemplo.

Pessoas que escravizam outras podem ser do tipo anaclítico, por exemplo, no caso do par sadomasoquista.

Será mesmo que o amor existe? Quais provas de amor seriam necessárias para convencer alguém de um amor verdadeiro? O rouxinol que sangra o coração até morrer, transformando a rosa branca em vermelha, cantando, ama de fato, ou é apenas um "artista egoísta, sem sinceridade nenhuma", como no conto "O rouxinol e a rosa", de Oscar

Wilde (1888) Se todos os seres humanos têm estas dúvidas, o tipo anaclítico as têm em profundidade maior.

Na sessão, em geral ocorre um clima muitas vezes amistoso, o terapeuta não se sente checado ou em competição. Ele é induzido a cuidar.

A pessoa anaclítica magoa-se com facilidade e o terapeuta fica preocupado em não ser rigoroso ou exigente. Dá vontade de "levar o cliente para casa", ou "pegá-lo no colo", o terapeuta tende a se sensibilizar com o sofrimento e a solidão do paciente.

Ele chega no horário combinado, não se incomoda de "estar à disposição". Se chega a discutir o preço é porque precisa do dinheiro ou porque pretende testar se o terapeuta o deseja ou não.

Se o terapeuta oferece ajuda, tende a aceitar, o que não significa que confie em qualquer um. O teste que o anaclítico faz não é para competir, mas para saber se é amado, se está agradando, se será acolhido.

Caso faça perguntas para conhecer o terapeuta, a intenção é poder se localizar, para saber se confia, e também ter elementos para poder agradar (seduzir), se necessário.

Se o caso for mais grave, tal comportamento pode soar como falso, porque a pessoa se torna solícita demais, perdendo o trilho de sua própria vontade.

Quando a intensidade desse tipo é suave, suas maneiras aparecem apenas como as de uma pessoa agradável, sensível, atenta e educada. São sedutores, sabem observar o que é necessário fazer ou dizer para serem agradáveis no intuito de serem acolhidos.

Mais uma vez é preciso cuidado com generalizações, pois pessoas do tipo Neurótico ou Narcísico podem ser igualmente encantadoras.

Esta frase cairia bem em um poema, mas cai melhor nas linhas de uma pessoa tipo anaclítico: "Não me basta estar só ao meu lado".

A solidão leva à depressão e o abandono é o pior dos mundos.

O terapeuta sente precisar ser cuidadoso para não ferir ou magoar este paciente. O clima da sessão em geral é confortável, embora haja necessidade de se estar atento, pois esse paciente demanda atenção. Ele observa o terapeuta em tudo, percebe se ele desviou o olhar por um instante, o tempo todo está medindo se é bem-recebido ou não.

A pessoa anaclítica tende a valorizar seu terapeuta, respeita seu lugar de saber, porque é desse lugar que melhor poderá ajudá-lo. Competir não lhe serviria para nada, sua angústia maior não é a castração, mas a perda do objeto.

Como é o ideal do ego a instância dominante, essa pessoa pode, no intuito de agradar para não perder o apoio do objeto, deixar de notar seu próprio desejo.

A tarefa da análise com estes pacientes se localiza na dificuldade que elas têm em assumir seus desejos. O maior problema é agredir o outro sem receio de perder a relação, ou, no dizer de Winnicott (1969/1975, p. 123-125, p. 131), poder destruir o objeto para usá-lo (Davis; Wallbridge, 1981/1982, p.86).

Exemplo

Paciente (Élio) de 39 anos, sexo masculino, prepara doutorado em jornalismo, mora em casa alugada pelo pai. Faz uso regular de maconha, morou com uma jovem por quase dois anos. O pai, 75 anos, aposentado, sustenta a família; é agressivo e mandão. A mãe, dona de casa, sempre foi submissa ao marido, fez filosofia e trabalhava como professora.

Na primeira sessão, a terapeuta relata que, ao chegar, 15 minutos mais cedo, na instituição, Élio já estava lá. Ele a cumprimentou, perguntando-lhe o nome, e a acompanhou até a sala. Ela não se sentiu à vontade de mandá-lo de volta à sala de espera e permitiu que a acompanhasse. Queimado de sol, ele estava vestido como "bicho grilo" da década de setenta, com bolsa a tiracolo, cabelo comprido, calça jeans e camiseta.

Ao entrar na sala, ele foi acendendo as luzes, enquanto ela ajeitava suas coisas. Apesar da intromissão do paciente, a terapeuta refere que estava se sentindo à vontade. Élio esperou que a terapeuta sentasse e quando percebeu que ela estava pronta, disse que o motivo de sua vinda era que precisava amadurecer como pessoa e terminar sua tese de doutorado. Sua primeira fala: "Não consigo escrever".

Na sexta sessão de uma terapia programada para oito meses, ele chegou com 20 minutos de atraso, dizendo que retirou todas as suas coisas da sua casa e foi para a casa de uma amiga. Trancou a porta da frente e saiu pela porta dos fundos. Segue-se o relato da sessão:

"E – Minha ex-namorada não conseguirá entrar se quiser. Saí pela porta dos fundos e ela não tem a chave da porta central. Ela foi para a casa dela, ficar com um amigo. Ele ficou lá uns dias, ninguém quer assumir. A mãe não liga, o amigo de mais de dez anos também não quer saber. Agora ela me liga desesperada, me ameaça dizendo que se eu não voltar, ela contrata uns carinhas lá da favela pra me pegar. Mas não estou ligando mais para as suas ameaças. Antes eu ficava preocupado, quando ela ia até a biblioteca com uma gilete dizendo que ia cortar os pulsos. Sei que não é verdade, é só pra eu não deixar dela. Mas já resolvi, basta. Meu orientador volta no final do ano, preciso escrever minha tese.

Por que o amigo não cuida dela? Achei que tinha que sair de casa, ou ela continuaria a me perturbar. Não é certo, eu sei, mas tive que fazer. Tirei tudo o que ela poderia estragar, os meus disquetes, o material da tese. Quando eu passei a não ligar mais para as ameaças de suicídio dela, ela um dia quis quebrar meus disquetes, estragar minhas coisas.

T – Parece que está difícil para você sair dessa situação.

E – É, eu sei disso, mas eu preciso, tive até que sair de casa, imagine! Estou na casa de uma colega. A mãe da minha amiga chegou a me perguntar se eu usava droga injetável ao ver o hematoma no meu braço (mostra o hematoma). Achei melhor contar para ela que foi a ex-namorada que me bateu do que compactuar com a fantasia dela. Ainda penso se eu teria mesmo que sair de casa. Até pensei em deixar a casa para ela, mas a casa é minha, afinal. Pensei em mudar de cidade. Preciso entregar uns currículos, mas não consigo. Meu pai ainda me sustenta, depois que eu perdi a bolsa. Você tem razão quando diz que meu pai não é tão ruim assim, ele conseguiu um monte de coisas e se ele não fosse assim, eu não estaria agora aqui.

T – Mas você não precisa ser executivo, nem velejador, você pode ser professor universitário.

E – (dá uma gargalhada) Antes eu queria ser um velejador de barco à vela, não a motor. Hoje eu quero de preferência um barco a motor.

T – A dificuldade de se relacionar não é só dela, é sua também.

E – Sim, você tem razão. Antes de namorar a atual, namorei X que era louca também. Eu me apaixonei por ela de verdade, mas não deu certo, ela mentia, fazia um monte de coisas de mau-caratismo. Não deu, fui embora.

T – Esta é a professora de Geografia?

E – Não, aquela é outra com quem quase me casei. Fui com ela para os Estados Unidos, onde fiz meu mestrado. Mas ela me exigia um monte de coisas que eu não podia dar, me cobrava demais e tinha um estilo de vida diferente do meu. Sofri muito quando a gente se separou. Daí, conheci a maluca da X, e agora essa outra que fica me ameaçando.

T – Essas relações têm uma função para você. Com elas você não cresce, continua dependente de seu pai.

E – Você tem razão. Hoje percebo que meu pai não é tão ruim assim. Ele foi o que a vida permitiu que ele fosse. Hoje valorizo mais ele, até porque dependo dele. Eu não quero mais ser um barco à vela, quero ser o barco a motor."

O pai queria que ele fosse executivo. Não importa saber, no momento, se a escolha será para ser professor, ou até executivo, ou qualquer outra coisa. Mesmo que até o término da terapia ele ainda não tenha se decidido, o importante é que ele reúna elementos para melhor compreender, entre outras coisas, sua escolha profissional e afetiva.

Observe-se que o paciente, chegando aos 40 anos, ainda depende do pai – e não apenas financeiramente. Na sessão, ele se questiona várias vezes se o que está fazendo com a namorada é correto. Embora intimamente esteja decidido, está preocupado com uma opinião "ideal", daí tantas perguntas e tantas incertezas. Ele não quer mais esta situação, mas continua em dúvida, esperando a aprovação de alguém, da terapeuta, no caso. Tem dificuldades para confrontar, impor sua opinião e simplesmente se afastar da namorada. Daí sai de casa fugitivo, embora considere isso um absurdo. "Afinal, a casa é minha", diz, inconformado.

Note-se que ele pretende mudanças. Ao dizer que não quer mais ser barco à vela e sim barco a motor, demonstra sua crise e seu desejo de mudança. A crise (ver crise) é não mais querer ser dependente, sustentado; "preciso escrever e amadurecer", diz. Seu modo de ser não está mais funcionando para ele, está achando absurdo não conseguir resolver sua situação com a moça, deseja trabalhar, mandar currículos. Claro está que são planos e suas intenções ainda precisam ser mais bem elaboradas. Daí a necessidade da terapia.

A focalização estaria centrada nessa crise, ligada ao seu tipo anaclítico de personalidade. Falta assertividade, ele é um sujeito com dificuldades em lidar com sua agressividade, não consegue impor seu desejo, tem receio de destruir o objeto, caso seja assertivo.

Sua crise é mais facilmente explicitada quando apresentada no triângulo de *insight* de Menninger (relação atual, relação primitiva e transferencial). No caso, assertividade perante o pai, diante da namorada e também da relação com a terapeuta, manifesta, por exemplo, quando ele lhe pergunta o que fazer, se está certo ou não em deixar da namorada.

Observe-se que a terapeuta, quando diz que ele não precisa ser executivo, e pode ser professor, está "protegendo", orientando o paciente, aceitando a função de mantê-lo dependente. É justamente nestas questões que a focalização se dá, porque é aí que está o conflito emergente na clínica.

Como ele está em crise e é uma pessoa em condições de acompanhar um processo mais longo de psicoterapia breve, a proposta de oito meses permite que se trabalhe a crise.

O tema da terapia não se limitará à explicitação de características de personalidade ligadas a seu tipo de personalidade interferindo em seus problemas com a tese e com a namorada. O tema será toda a complexidade de sua crise, de seu desejo de mudança. O importante é compreender seu desejo de ser o barco a motor, de ser o motor de sua vida e possuir um caminho próprio, sem depender do vento que sopra aleatoriamente, ao sabor do desejo do outro.

O trabalho com a psicoterapia breve segue o vértice psicanalítico. Em relação à focalização não é necessário haver atenção e negligência seletivas porque o limite de tempo e a crise pressionam Élio a falar sobre o que o aflige.

Com a data marcada para o término da psicoterapia breve após oito meses, a neurose de transferência não se instala. Não há necessidade de recorrer a uma técnica ativa, a regressão e as resistências modificam-se sob a influência da castração imposta pelo limite de tempo previamente combinado.

Se o processo psicoterápico segue, nesse caso, um percurso semelhante ao trabalho psicanalítico do tratamento-padrão da psicanálise, pode-se questionar a necessidade, aparentemente artificial, de propor psicoterapia breve e não, de uma vez, o tratamento-padrão.

A questão é que existiam razões para a indicação de psicoterapia breve no caso de Élio, porque havia a perspectiva (quase certeza) de mudança de cidade após a conclusão de sua tese. Um limite de tempo fez mais sentido para ele que iniciar uma terapia com prazo indefinido, o que poderia acentuar sua relação de dependência, correndo-se o risco de ter de encerrar a terapia a meio caminho, em função de mudança de cidade.

7.3 Características da pessoa do tipo Narcísico

No tipo de personalidade narcísico, a natureza da angústia é de fragmentação. O Superego não organiza, a organização dominante é do Id, levando a um conflito com a realidade. A relação com o outro é fusional.

Pessoas de tipo narcísico são profundas, centradas nelas mesmas, estabelecendo uma delicada relação com o ambiente porque esse ambiente pode ser fator de desorganização pessoal. Alguns indivíduos desse tipo são confusos, às vezes perdem o horário da sessão ou o endereço do consultório.

É comum que entrem na sala e fiquem absortos, olhando o local para a ele se ambientarem. Na sala de espera, às vezes estão "desligados", lendo alguma coisa.

Enquanto o paciente do tipo anaclítico está atento à chegada do terapeuta, o do tipo Narcísico parece estar em seu mundo, distante. Também pode estar atento, preocupado, olhando para tudo, desconfiado.

Conheço duas amigas que são multadas no trânsito, com frequência, no mesmo local, porque são distraídas. O marido de uma delas vai ao trabalho e se perde todos os dias, "esquecendo" o caminho, que é sempre o mesmo. Outra fuma quase dois maços de cigarro por dia, tem vários casos de câncer na família, mas acredita piamente que nunca adoecerá por causa do tabaco. Nesses casos, estou lembrando apenas de pessoas normais, adaptadas ao mundo real, que vivem bem e são bem-sucedidas. São exemplos de conflito entre o Id e a realidade.

Os limites do Eu estão estabelecidos em função da angústia de fragmentação. Daí o esforço de organização do mundo interno ou externo.

Distanciar-se do outro ou do mundo é uma das possibilidades de organização. Quando tal organização não está bem estabelecida, a proximidade não otimizada pode, até, incluir ameaça de invasão – é a relação fusional de objeto que caracteriza a pessoa do tipo narcísico.

Tenho uma amiga que fala com alguém e vai andando para trás. Nunca sei se é para acompanhá-la ou deixá-la ir cada vez mais longe.

Em falas do tipo: "Não dá para estudar com a empregada em casa", em uma casa com quatro quartos; ou "Como é possível ver futebol na TV e conversar ao telefone ao mesmo tempo? Não dá para se concentrar", o que se passa é que o ambiente é potencialmente invasivo e desorganizador.

Por outro lado, pode ocorrer exatamente o oposto, ou seja, a pessoa tipo Narcísico pode estar distante o suficiente do ambiente, a ponto dele não interferir. O "mundo pode cair" – e a pessoa nem percebe.

Alguns têm marcadas características obsessivas como forma de se organizar e de lidar com a angústia de fragmentação. Cabe lembrar que características obsessivas, ou histéricas, ou fóbicas, por exemplo, podem ser maneiras de lidar tanto com a angústia de fragmentação, como com a de castração ou com a de perda do objeto.

As pessoas do tipo narcísico têm um mundo interno rico, em função do Id como instância dominante. A criatividade do tipo Narcísico é grande em função desse contato profundo com seu mundo interno, sendo que suas ideias próprias, que não precisam respeitar regras ou opiniões alheias, também se dão em função dessa riqueza do mundo interior.

Cabe lembrar que o mundo interno dos outros tipos também pode ser rico e eles também têm ideias próprias. Mundo interno, criatividade, riquezas, todos têm em maior ou menor grau.

São pessoas de opinião forte, não cedem facilmente. Para poder se defender da opinião alheia, potencialmente desorganizadora, a pessoa do tipo narcísico tende a refletir antes de falar ou de agir. Nesse caso, não é para seduzir o outro, como faria o Anaclítico, mas para evitar rever seus conceitos, uma tentativa de garantir sua organização interna.

Muitas vezes são "cabeça dura", o que pode ser positivo, pois não são "maria-vai-com-as-outras", o que pode implicar em pessoas com liderança e com ideias novas. Às vezes, são apenas teimosos.

Uma pessoa narcísico não abre mão facilmente do que pensa, o que não ocorre com pessoa anaclítica – que é mais maleável, porque deseja agradar ao outro.

A pessoa do tipo neurótico também não abre mão facilmente de suas ideias, mas em função da angústia de castração. Se a pessoa do tipo narcísico defende seus ideais para manter sua coesão interna, a do tipo neurótico defende suas ideias para ter poder, para não se sentir castrada.

A pessoa do tipo anaclítico também tem ideias próprias, as defende e é criativa. Assim, é preciso ter cuidado. Cabe evitar julgamentos apressados – um risco de qualquer tipologia de personalidade.

Conheci, na faculdade, um professor do tipo narcísico, que comumente incomodava seus alunos porque, se alguém pretendesse interrompê-lo no meio de um raciocínio, ele se mostrava visivelmente desconfortável e continuava falando ao mesmo tempo que o interlocutor. Caso a pessoa insistisse em continuar a falar, ele se irritava seriamente. Os alunos tendiam a considerá-lo autoritário, quando não era esse o caso. Ele apenas precisava se organizar e se alguém o interrompesse, incomodava-se profundamente, simplesmente porque "perdia o fio da meada". Nesse caso, ele se atrapalhava porque escutava o interlocutor. Caso não o escutasse, continuaria falando sem se incomodar.

Há que se tomar cuidado com simplificações. A pessoa tipo neurótico também pode não escutar o outro, como forma de se afirmar, por exemplo. Em função de extrema dependência do outro, a necessidade de cuidados pode fazer a pessoa do tipo anaclítico também não escutar o interlocutor. Mais uma vez, acolhendo generalizações simplistas, corre-se o risco de pegar um atalho em direção ao abismo.

Reação emocional do terapeuta diante do paciente do tipo Narcísico

Na relação com pacientes do tipo narcísico é comum o terapeuta ter pensamentos ou intervenções como: "Explique melhor essa parte", "mas de quem mesmo você está falando?", "com quem mesmo seu marido se relacionou?", "em que época isso se deu mesmo?", "se você tivesse pegado aquele caminho teria sido mais fácil", "mas você deveria ter procurado uma orientação na época", "mas por que você não foi se consultar com um clínico?".

São observações que indicam necessidade por parte do terapeuta de organizar o paciente (ou a si mesmo) e estão presentes, destas ou de outras formas, mais ou menos evidentes, ao longo do atendimento de clientes desse tipo.

Às vezes o terapeuta surpreende-se tentando entender o que o paciente quer dizer, fazendo perguntas ou orientando os rumos da sessão. Por vezes, o terapeuta sente vontade de dizer ao paciente o que lhe cabia fazer; não raro, o terapeuta pensa: "Por que ele não fez isso?", como se tal ação fosse simples.

É comum o terapeuta sentir-se psicologicamente confortável na sessão porque o estilo narcísico não é competitivo. Quando o caso é mais complicado, porém, a impressão de "invasão" pode ocorrer.

Muitas vezes, o terapeuta fica desconfiado. Lembro-me de um casal em que fiquei achando que a paciente poderia estar traindo seu marido. Várias pessoas na supervisão tinham "certeza" disso. Quer dizer, a desconfiança estava presente na relação com aquela paciente.

Quando estão desconfiados criam um clima persecutório e tenso e basta um olhar ou uma palavra mais brusca ou equivocada para deixar o paciente na defensiva. São exigentes e se o terapeuta for descuidado ou impetuoso com as palavras, pode perder a confiança de seu cliente. Em geral, não confiam facilmente, embora não sejam desconfiados sem motivo.

Por vezes, o terapeuta fica com a impressão de estar sozinho, que é possível pensar em outra coisa, ou olhar para outro lugar e que o paciente nem vai perceber. É mais comum se dispersar com esse tipo de paciente do que com os outros dois tipos.

Em alguns casos do tipo narcísico, o terapeuta sente-se cansado ao longo e ao término da sessão, em função da sensação de se sentir sozinho, por causa da distância afetiva imposta pelo paciente na tentativa de organização interna.

Se ficar muito próximo, em função da relação de objeto fusional, o paciente pode (nos casos mais graves) se sentir invadido e se desorganizar, não mais saber quem é ele ou quem é o outro. De modo mais ou menos intenso, a pessoa do tipo narcísico estará sempre lidando com essa questão.

Há mais de 20 anos, diante de um caso complicado desse tipo, no primeiro encontro, desci as escadas para cumprimentá-lo e me apresentei dizendo: "Boa noite, meu nome é Joaquim". Ele arregalou os olhos e, assustado, disse: "Joaquim, sou eu!". A confusão dele me atravessou e estabeleceu a relação fusional, mostrando que a questão da organização está presente nos casos em que a angústia de fragmentação é a tônica. Nesse caso particular, os contornos do paciente invadiram o terapeuta. O paciente, ao mesmo tempo distante e próximo demais, demonstra problemas com os limites do Eu.

Exemplo

Patrícia tem 49 anos, é solteira, aposentada como bióloga, trabalha com decoração para distrair-se e complementar a renda da aposentadoria (funcionária pública). Mora sozinha, com um cão e a empregada. Tem uma irmã mais velha, casada, que também mora em São Paulo. A família de origem é do interior de Minas Gerais, de cidade onde ainda tem amigos de infância e parentes.

Seus pais faleceram há mais de dez anos. A mãe era rígida, distante, moralista, autoritária, insatisfeita e dava preferência à outra filha. O pai, fazendeiro à moda antiga, cuidava dos funcionários e das filhas de forma agressiva e autoritária, com pouco contato físico. A irmã mais velha agredia fisicamente Patrícia e até hoje não há acordo entre elas.

Patrícia, contra sua vontade, veio estudar em São Paulo aos 20 anos. Na época sentiu-se atordoada e sem parâmetros. Deixou uma educação moralista, de controles rígidos, para morar em uma república de estudantes (de entidade religiosa) em uma cidade grande e desconhecida. Refere que se assustou muito e iniciou uma terapia em grupo, na qual toda sua educação foi questionada e a liberação sexual foi exigida como libertação psicológica. Piorou, sentiu-se confusa.

Terminou a faculdade e entrou no serviço público e lá trabalhou até se aposentar, tendo mudado algumas vezes de setor e de cidade. Reclama que nunca se adaptou de fato ao trabalho e sempre se sentiu fora de sintonia com o mundo.

Não se casou, teve vários relacionamentos. Na faixa dos 30 anos, ficou três anos namorando um homem casado, que morava em outra cidade. Esse foi seu relacionamento mais duradouro.

Patrícia é uma mulher bonita, interessante e inteligente. Antenada no mundo, ela discute política com desenvoltura. Esteve filiada a um partido político na década de oitenta. Gosta de cinema, literatura, vai à praia com frequência. Seu modo de se movimentar e de gesticular é calmo, elegante, típico de menina de interior de classe alta, como ela diz. Esse estilo elegante e polido contrasta com o tênis e a calça jeans e umas camisetas com motivos extravagantes.

Com respeito ao vestuário, ela se retrata como alguém que ainda não saiu da década de setenta. Não usa maquiagem, mantém o cabelo curto, senta-se com a perna bem aberta como se estivesse grávida, o que me parece esquisito.

A terapia comigo se iniciou há três anos. Ela chegou dizendo que já havia feito mais de vinte anos de terapia, em diversas abordagens, e que não tinha mais tempo e paciência para outro tanto. Queria algo breve. Nesses três anos ela compareceu à terapia em cinco semestres, cada vez durando por volta de três meses. A cada vez, ela começa dizendo que vai ficar um certo período, previamente definido.

Preocupa-se com a falta de amizades, sente falta de um grupo com o qual tenha real afinidade. Tem dúvidas se continua morando em São Paulo, se volta para Minas Gerais ou muda para o litoral. Na primeira vez, chegou preocupada, achando que poderia ficar sozinha para sempre, sem se casar. Na terceira vez, arrumou um namorado, apaixonado por ela, mas a quem ela fazia inúmeras restrições.

A cada vez, conseguimos discutir algumas questões. Assuntos relativos ao trabalho, aos parentes e aos amigos surgem com frequência.

Sua distância em relação ao namorado, o que se repete comigo, é tema recorrente. O fato de ele querer "grudar" e ficar com ela o tempo todo a incomoda e a desorganiza. Ter consciência de que ela tem todo o direito de ficar incomodada com uma proximidade exagerada (para ela), e que a distância que ela necessita não é um defeito, a tranquiliza.

Se por um lado eu lhe digo que uma análise longa (um "casamento" comigo) seria um caminho promissor para uma vivência de todos os seus temores pela proximidade com alguém, por outro lado, eu a respeito em seu ritmo. Quando ela acha que já entendeu algum aspecto, ela prefere se recolher para elaborar sozinha o que foi debatido, para não se sentir invadida, para ter clareza de quem é ela e de quem sou eu, para se organizar de acordo com o conjunto de seus valores sem o temor de se ver confundida comigo (relação fusional).

Sua terapia configura-se, por força das circunstâncias, como uma sucessão de psicoterapias breves, durando dois a quatro meses cada vez.

Durante a sessão, em geral, eu tenho de escutá-la até que termine o raciocínio. Mesmo que eu já tenha entendido e queira me pronunciar, é preferível ficar em silêncio, esperando que ela conclua. Diversas vezes ela repete o que já foi dito em outra sessão. Ela até comenta saber que já falou daquele assunto, mas tem de relatá-lo de novo, em detalhes, para se organizar.

Respeitar seu ritmo, sem invadi-la, é fundamental. Ela foi invadida pelo pai, pela irmã e pela mãe, durante anos. Tem receio de manter um relacionamento duradouro com um homem e não mais ter clareza de quem ela é. Compete, pois, ao terapeuta, cuidar para que ela tenha uma experiência na qual seja mantido o respeito aos seus limites.

Costumo dizer-lhe que ela "chega saindo, cumprimenta se despedindo". Sei que confia em mim e vem (de verdade) à terapia, mas com a certeza de poder sair logo que precise, sabendo que será respeitada em sua necessidade. Digo-lhe sempre que uma terapia longa poderia ser útil, mas respeito seu estilo de confiar desconfiando, de chegar saindo, de se aproximar mantendo distância.

O foco estabelecido na terapia com essa paciente, partindo das características de personalidade, assenta-se em seus relacionamentos pessoais e em seu receio de se aproximar demais de alguém e se desorganizar (fundir-se). O foco é elucidado no triângulo constituído pelas suas relações atuais (principalmente o namorado), relações primitivas (pai/mãe) e o terapeuta.

Essa paciente está à beira de uma crise. Ela não está satisfeita com seu modo de ser, gostaria de poder rever-se e viver uma relação próxima com alguém, mas tem muito receio de se desorganizar, caso se arrisque a tanto. Daí, ela vai tateando, conforme seu ritmo permite, ora retornando a um equilíbrio anterior, ora arriscando-se. Ela mantém o relacionamento com o namorado há quase dois anos, apesar das contínuas dúvidas – deixá-lo ou casar-se.

7.4 Limites e possibilidades a respeito dos tipos de personalidade

Comenta-se, a respeito de Winnicott, que ele não utiliza categorização diagnóstica, embora, em mais de uma ocasião, se encontrem, em seus escritos, observações sobre *borderline* ou psicose, por exemplo. No artigo "Aspectos clínicos e metapsicológicos da regressão dentro do *setting* psicanalítico", de Winnicott (1954/1988), lê-se:

> A escolha do caso implica classificação. [...] Divido os casos nas três categorias seguintes. Primeiro, há pacientes que operam como pessoas totais e cujas dificuldades estão na alçada das relações interpessoais. [...] Em segundo lugar, estão os pacientes nos quais a totalidade da personalidade está apenas começando e [...] a ideia da sobrevivência do analista como um fator dinâmico é importante do nosso ponto de vista. [...] No terceiro agrupamento coloco os pacientes cuja análise deve lidar com os estádios primitivos do desenvolvimento emocional. (p. 460)

Nota-se alguma semelhança com a teoria de Bergeret. São três os tipos considerados, o primeiro relacionado ao Neurótico, o segundo ao anaclítico e o terceiro ao narcísico.

Claro que as concepções são diferentes. Winnicott (1954/1988) não está pensando em estruturas de personalidade, mas em funcionamentos. Mas, ao refletir sobre o primeiro grupo, Winnicott refere-se aos neuróticos e diz que "a técnica para o tratamento desses pacientes faz parte da psicanálise como esta foi desenvolvida por Freud no início do século" (p. 460).

Embora não faça alusão explícita à psicopatologia, Winnicott tinha alguma em mente, até mesmo quando se refere ao *borderline*, ou aos psicóticos, por exemplo.

Prefiro ter uma referência psicopatológica explícita e tomar muito cuidado para não me enredar nela a ponto de atrapalhar a escuta do paciente. Em todo caso, a concepção de Bergeret apenas me serve como base para entender três funcionamentos psíquicos principais.

Do ponto de vista clínico, pode se pensar que a noção de estrutura propõe um limite para a análise. A rocha da estrutura seria o limite para a interpretação, não haveria mudança psíquica quando se esbarra na estrutura: um neurótico teria a castração como questão fundamental de sua vida para sempre, o mesmo acontecendo com o narcísico e a fragmentação.

Não me atenho à noção de estrutura pelo seu caráter de imutabilidade. O que me importa, na clínica, é o modo como a transferência tende a se manifestar, naquele momento considerado, e como posso demonstrar ao meu paciente que algum conhecimento de seu modo de encarar o mundo e a si mesmo pode ajudá-lo a se conhecer e a se tranquilizar em relação a seu modo de ser.

Parece arriscado afirmar para o paciente: você jamais mudará neste aspecto. Por que se afirmar a impossibilidade de mudanças, incluída na noção de estrutura? Para que se comprometer com um futuro incerto?

Bergeret contradiz-se quando afirma ser contra a ditadura da primazia do Édipo e ao mesmo tempo propõe uma evolução do pré-edípico para o edípico considerando este último mais evoluído.

Para tornar seu texto mais coerente, penso que os três tipos devem ser considerados igualmente normais.

Como exigir de uma pessoa do tipo Narcísica que seja organizada se é na desorganização que está sua criatividade? Não se diz correntemente que o gênio e o louco são próximos? A proximidade está aí, na possibilidade da desorganização sem fragmentação.

O anaclítico, que aprende a procurar apoio em diversos contextos e diferentes pessoas, pode funcionar tão bem que nem se percebe sua necessidade de relações anaclíticas. Pode, ao longo da vida, apoiar-se em teorias (políticas, religiosas, filosóficas, psicológicas, não importa) que o sustentem de forma a defendê-las fortemente, não tendo necessariamente um padrão de funcionamento que revele características de seu tipo de personalidade.

Não me agrada a ideia de que pessoas sejam obrigadas a aceder a um princípio geral, como o Édipo, por exemplo. Se a questão não for edípica, o sujeito não é "saudável" e a terapia breve não deveria ser indicada, como se um funcionamento psíquico fosse mais saudável que outro.

Prefiro considerar os três funcionamentos como igualmente saudáveis. São três maneiras de viver e observar o mundo, igualmente satisfatórias e complicadas. Elas são interessantes, não porque forneçam um padrão de normalidade, mas porque indicam uma forma de funcionamento psíquico que se manifesta na relação com o terapeuta.

Será que o anaclítico é obrigado a aprender a "usar o objeto", como Winnicott preconizava, para ser sadio? Ou ele nunca poderá ter acesso a tal condição pela sua necessidade anaclítica? Será que todas as teorias que incluem algum grau evolutivo (do pré-edípico ao edípico, da relação de objeto ao uso do objeto, por exemplo) não albergam uma obrigação de acesso universal à saúde?

A concepção de Bergeret, como eu a entendo, mantém três tipos diferentes, cada qual deles saudável ou não. Nenhum é mais evoluído que o outro e nenhum se transformará no outro, embora cada um contenha elementos dos outros porque o ser humano tem características comuns à espécie. A estabilidade dos tipos de personalidade não precisa estar atrelada à imutabilidade da estrutura.

É arriscado um terapeuta qualquer acreditar que seu funcionamento psíquico é o mais adequado para todos os humanos:

se ele é neurótico, todos os "saudáveis" devem ser edípicos; se ele é anaclítico, todos devem ser atentos ao próximo; se ele é narcísico, todos devem ser criativos e independentes.

Ao longo do tempo, algumas teorias ganharam notoriedade. Insistem em que todos devem ser iguais – todos devem ser autônomos, independentes, criativos, triangulares (Édipo), autênticos, espontâneos, por exemplo.

Será que o tipo Narcísico deve mostrar-se espontâneo, comunicativo para tornar-se um ser humano saudável? Será que ele não pode revelar-se retraído, reservado e ainda assim ser completamente coerente e saudável?

Será que um anaclítico tem de ser independente, autônomo, edípico para ser considerado saudável?

Será que um neurótico tem de abandonar seu estilo competitivo, deixar de enxergar o mundo através da lente da castração, tem de aceitar limites, para ser saudável?

Não faria parte da singularidade, aceitar o fato de que nem todos somos iguais e que não há, necessariamente, um caráter evolutivo no funcionamento psíquico?

Talvez alguns autores tenham defendido ou criado teorias diferentes em função de seus tipos de personalidade.

Será, por exemplo, que a ideia de que todos temos núcleos psicóticos faria sentido para um teórico que fosse tipo anaclítico, ou seria mais compatível com um autor tipo narcísico?

Para um teórico tipo neurótico não seria mais importante o Édipo que para um autor tipo Narcísico, que tenderia a privilegiar os aspectos "profundos" e psicóticos da personalidade?

Para um teórico anaclítico poderia ser prioritário pensar na separação e na dependência como fatores fundamentais da personalidade.

Conduziriam de forma semelhante uma análise, terapeutas dos tipos neurótico, narcísico ou anaclítico?

Parece provável que, com o tempo, análise pessoal e experiência, analistas estudiosos e atentos desenvolvam uma escuta que atravesse vários autores, terminando por considerar aspectos diversos, podendo levar em conta a singularidade de cada cliente. Em todo caso, permanece o risco de privilegiar esta ou aquela teoria ou abordagem em função de características pessoais de personalidade.

Apesar de todos esses reparos e cuidados, o terapeuta necessita de alguma abordagem psicopatológica para se localizar em relação a seus pacientes. Ela pode estar mais ou menos presente na compreensão do paciente, mas faz parte de uma análise global do quadro psicológico da pessoa em tratamento psicoterápico.

Em uma análise clássica, no transcorrer de uma sessão específica, a concepção psicopatológica não precisa, necessariamente, estar presente como norteadora das intervenções do analista.

Na psicoterapia breve proposta no presente estudo, a avaliação da personalidade está presente como base de compreensão da sessão.

A demonstração de seu conflito na vivência da relação transferencial esclarece-se quando suas características de personalidade são abordadas. O cliente, ao reconhecer como seu modo de ser interfere em suas ações e em seus sentimentos, adquire um conhecimento de si e de seu conflito que ultrapassa a simples formulação teórica a respeito de si mesmo. A experiência na relação com o terapeuta o coloca, na elucidação de suas características de personalidade, em contato com um conhecimento cognitivo e afetivo importantes para lidar com o conflito em pauta.

Estar atrelado a um tipo de personalidade não descarta a possibilidade do singular – cada pessoa transita sobre suas características a partir de suas experiências (únicas) de vida, de modo diferente dos demais, garantindo sua singularidade.

Todos nós temos um cérebro com características semelhantes e mesmo assim somos diferentes uns dos outros – dá-se da mesma forma em relação aos tipos de personalidade, ou seja, temos um patamar sobre o qual se pode transitar, mas, cada um, da sua maneira peculiar.

Singularidade não implica em falta de limites; ninguém é singular no vazio absoluto.

8
Quatro tarefas

Um dos pressupostos deste livro é a possibilidade, dentro do vértice psicanalítico, de propor enquadres diferentes para pacientes diversos, dependendo da necessidade de cada um.

Não há apenas uma forma "correta" e pré-definida de trabalhar. Parte-se do princípio de que o demandante procura o profissional porque está em conflito e necessita de ajuda.

É função do terapeuta identificar o porquê do momento crítico pelo qual passa o cliente e ajudá-lo na tentativa de sua elucidação. Para que isso seja possível, faz-se necessária uma avaliação de cada caso antes do início da psicoterapia.

O médico, quando consultado pela primeira vez, está preocupado em realizar um diagnóstico e oferecer a medicação adequada. Na entrevista psicológica, muitas vezes a primeira ou as primeiras entrevistas são utilizadas para coleta de dados do paciente, como em uma anamnese. No esquema das quatro tarefas, a proposta é outra.

São quatro as tarefas: (1) formular uma intervenção inicial baseada na angústia que motivou a procura por auxílio; (2) reconhecer as características da crise; (3) distinguir o foco; e (4) decidir a indicação.

A experiência ensina que uma a quatro sessões são suficientes para a realização das tarefas, para o estabelecimento de uma aliança terapêutica e o início de elaboração em torno da angústia que levou o paciente à consulta.

Quando se realizam uma ou duas entrevistas iniciais, com a proposta de coleta de dados, a ideia é apenas a de reunir material para futura utilização.

Minha intenção na primeira sessão é poder formular uma pergunta: o porquê da consulta, qual a angústia em pauta, qual o sentido que poderá ter a psicoterapia, em função do questionamento levantado. A pergunta deverá fazer sentido para o paciente e já poderá ser explorada ao longo da(s) sessão(ões) inicial(is), através de interpretações que ajudarão o paciente a se inteirar de sua angústia e da razão da procura pela análise.

Como nós, da área "psi", estamos acostumados com a noção de que a psicoterapia é um processo longo, em que o conhecimento mútuo se vai acumulando, ficamos tranquilos quando nada de significativo ocorre na primeira sessão, ao apenas escutar o cliente relatar o que o angustia.

Mesmo ciente dos costumes de uma psicoterapia, o paciente, em geral, frustra-se, reclamando que o profissional "nada disse" sobre seu problema. Com frequência, movido pela angústia que o levou a procurar atendimento, o paciente deseja ser escutado, mas também quer ouvir a opinião do profissional a respeito do problema que acabou de colocar.

Em dois artigos, "O jogo do rabisco" e "O valor da consulta terapêutica" (de 1968 e 1965, respectivamente), Winnicott deixa claro seu ponto de vista a respeito, salientando a importância da(s) primeira(s) sessão(ões).

Além disso, quando o cliente chega ao consultório, não sabemos se ele retornará. Em geral, ao apenas escutar seu paciente na primeira entrevista, está implícita a crença de que ele retornará, com certeza, o que não está garantido, até porque ele pode ter saído frustrado por nada ter ouvido de significativo.

Durante dois anos, na década de setenta, fiz uma análise de orientação kleiniana. Ao chegar, o analista perguntou meu nome, combinamos horário e preço e, imediatamente, ele me encaminhou ao divã. É fato que eu era estudante de medicina, às vésperas do exame de residência em psiquiatria, e que supostamente sabia o que deveria ser uma análise. Mesmo assim, senti certo estranhamento. Tal procedimento, compatível com proposta kleiniana de trabalho, parte do pressuposto de que a pessoa real do analista pouco (ou nada) importa e que o paciente não precisa conhecer o terapeuta e decidir se o escolhe ou não. Fica implícito que este analista é a melhor solução para o cliente, naquele momento. Seria isso tão certo assim?

Uma das ideias das quatro tarefas é que ela propicia tempo suficiente para que haja um conhecimento mútuo. Tanto o terapeuta poderá verificar sua vontade de atender ou não aquele cliente, como este poderá avaliar se o que seu analista está falando é apropriado e faz sentido, ou não. Será que nós, terapeutas, tememos tanto a avaliação de nosso paciente, que não admitimos a hipótese de que ele não queira se consultar conosco?

Parece mais democrático deixar a decisão do início da terapia nas mãos dos dois – e não apenas do profissional. É claro que o terapeuta "sabe" muita coisa e sua decisão sobre o que é melhor naquela situação deve ser levada em conta. Mas a opinião do cliente também é fundamental. Ele também tem seus critérios de avaliação e deve ser escutado sobre querer, ou não, ser atendido por este ou aquele profissional.

É perfeitamente possível obter um encontro terapêutico em apenas uma consulta e Winnicott (1965/1994) deixa isso claro. Quando se dispõe de tempo suficiente, sem horário para terminar, a primeira consulta pode permitir a realização das quatro tarefas. Quando atendo pessoas de outras cidades, esse procedimento torna-se inevitável. Mais de uma sessão é, no entanto, mais prudente, em função do maior tempo disponível para avaliação e elaboração.

Muitas vezes, em função da inexperiência do iniciante ou da dificuldade de um caso específico, podem ser necessárias várias sessões para realizar as quatro tarefas propostas.

Quatro tarefas

Observe-se que são propostas quatro tarefas: (1) formular uma intervenção inicial baseada na angústia que motivou a procura por auxílio; (2) reconhecer a crise; (3) distinguir o foco; e (4) decidir a indicação.

Em relação à primeira tarefa, o interesse volta-se para a emissão de uma intervenção verbal pertinente, baseada na angústia do paciente. A intervenção estará permeada pela escuta do motivo da consulta e pela avaliação inicial da personalidade. Os primeiros movimentos do paciente, sua primeira fala significativa e a reação emocional do terapeuta permitem formar um conjunto de dados que viabilizam a intervenção inicial. Essa intervenção leva em conta as características de personalidade, ligadas aos tipos de personalidade.

A segunda tarefa consiste em verificar qual o tipo da crise. Pode ser uma crise de passagem (adolescência, entrada na faculdade, por exemplo), por doença, circunstâncias da vida (separação, desemprego, por exemplo), ou uma crise de ruptura de sentido de vida.

A terceira tarefa volta-se para a composição do foco, ligado à angústia, à queixa e aos sintomas. O foco incide nas angústias ligadas aos tipos de personalidade.

A quarta tarefa destina-se a decidir sobre o que fazer em seguida. É o momento da indicação, do contrato. Para a indicação é preciso ter clareza em relação a alguns itens, tais como: demanda de análise, possibilidade de atravessar a crise, possibilidade de focalização, além de uma avaliação do tipo de personalidade do paciente.

A sequência de quatro tarefas é estabelecida de forma didática. É claro que a avaliação da demanda, da capacidade de *insight*, por exemplo, estará em tela todo o tempo. Qual o tipo de crise é algo que algumas vezes já é possível estabelecer logo de início. O foco pode ficar claro de imediato, ou pode se esclarecer (ou não) apenas nas sessões seguintes, e assim por diante.

O esquema proposto apenas visa evitar esquecimentos de alguns pontos (tarefas) considerados fundamentais. Qualquer proposta, teórica ou técnica, pode ser transformada em um manual restritivo da criatividade do terapeuta, ou pode ser utilizada de maneira a ampliar e possibilitar.

O objetivo maior do contato inicial, como em qualquer contexto psicoterápico, é estabelecer um encontro significativo. Buscando uma comunicação significativa com seu cliente, ficam abertas as portas para uma possível continuidade do processo psicoterápico.

8.1 Primeira tarefa

Com a experiência, é possível compreender o paciente logo de início. Quando isso ocorre, ele se sente acolhido, facilitando respeitar e confiar em seu terapeuta. A vantagem está em poder, já no primeiro contato, entabular uma conversa proveitosa.

Dizendo ao cliente o que percebeu, o terapeuta abre a possibilidade do debate a respeito das razões da procura de ajuda, tornando possível uma sessão, na acepção da palavra, e não apenas uma entrevista inicial para coleta de dados.

Obviamente, quando não se tem o que falar é melhor calar. Mas elaborar uma intervenção pertinente, logo no primeiro contato, apenas beneficia o paciente. Ao se sentir compreendido, o cliente tende a retornar com mais frequência do que quando fala e nada escuta do seu terapeuta.

O objetivo inicial será compreender a razão da consulta e oferecer ao cliente uma intervenção adequada em resposta a esta demanda, respeitando sua queixa e seus sintomas. A intervenção inicial leva em conta a angústia que originou a procura por ajuda e está centrada nas características ligadas aos tipos de personalidade.

A angústia do paciente que aparece logo de início está ligada a características de sua personalidade e a focalização do trabalho a ser realizado levará em conta essa formulação. Uma avaliação da personalidade torna-se, portanto, de grande utilidade.

O estilo de uma pessoa, composto em uma específica construção estética de *self*, alberga um tipo de personalidade associado a uma biografia única. Em outras palavras, cada ser humano, com seu tipo de personalidade, é atravessado por uma história de vida particular, compondo um espaço de vir a ser que oferece ao mundo um estilo singular, captado pelos outros por meio dos sentidos e da palavra e pelo modo como o sujeito transita e modifica o ambiente que habita.

O terapeuta capta o estilo de seu paciente logo de início. Seu "jeitão", seu modo de ser, "espalha-se" pela sala de espera e pela sala de consulta.

A proposta é que o ser humano, sob o impacto do primeiro contato com alguém, se encontra em um momento privilegiado para se expor, até além do que gostaria ou pretenderia. O estilo da pessoa – captado não apenas pelas suas palavras, mas também pela sua apresentação e pela reação emocional do terapeuta – é um componente nada desprezível de uma avaliação em um primeiro contato, lembrando que podemos nos enganar sempre, e que essa avaliação inicial estará sujeita a refutações e confirmações.

Em geral, quando há dúvidas quanto ao tipo de personalidade do paciente, o que as dirime é a reação emocional do terapeuta, reação condizente com um dos três tipos descritos. Ao longo de uma análise ou de uma psicoterapia breve, a tendência é o terapeuta conhecer as diversas facetas de seu paciente, o que tende a confundir o diagnóstico dos tipos de personalidade. Isso ocorre, pois todos nós temos características (traços de caráter, para Bergeret) dos três tipos e, por vezes, esses traços são tão proeminentes que podem confundir o observador.

A maneira de evitar impasses é se fiar no primeiro contato, acreditando que o ser humano, nesse primeiro momento, está em situação peculiar, por ser totalmente desconhecida para ele. A captação de seu tipo de personalidade está favorecida pelo impacto do contato inicial, antes que as palavras comecem a confundir o terapeuta. Nos momentos iniciais do primeiro encontro, a reação emocional do terapeuta está menos contaminada pelas palavras do paciente.

É claro que, em geral, a intenção do cliente não é confundir seu terapeuta, mas isso pode ocorrer (mesmo que não se perceba) com o uso de palavras que não apenas esclarecem, mas também podem tender a dissimular o modo de ser do paciente.

Para compreender o paciente e determinar seu tipo de personalidade, a ênfase estará colocada em três procedimentos: apresentação do cliente, sua primeira fala e a resposta emocional do terapeuta.

Apresentação

Em geral presta-se pouca atenção aos primeiros movimentos do paciente. Numa supervisão, é mais comum o aluno iniciar contando a história do cliente. Quando sugiro iniciar "pelo começo", é frequente o supervisionando lembrar das primeiras falas do paciente, ou do momento em que ele entrou na sala. Mas, "o início começa antes".

O primeiro contato com o futuro paciente dá-se na hora da indicação. Faz diferença se o encaminhamento partiu de um colega, de um amigo, de um atual ou ex-paciente, de um aluno ou de um professor. O modo como vamos encarar esse novo cliente, com mais ou menos expectativas, também varia segundo quem o indicou.

Para o paciente, a transferência inicia-se mesmo antes de conhecer seu futuro analista e está ligada ao que conhece a respeito dele e também a quem o encaminhou. Quando a consulta ocorre em um serviço público (ou particular), a transferência dá-se com a instituição, a partir do que se conhece dela e de quem a indicou.

O paciente telefona. Se deseja consulta urgente, ou para dali a duas semanas, se liga e quer falar com o terapeuta, ou apenas marca o horário com a secretária, se chama insistentemente, ou deixa o número do telefone e não atende, ou liga dias depois – eis alguns indícios que devem ser levados em conta.

O modo como o paciente conversa ao telefone, seu tom de voz, o número de informações que ele solicita (alguns querem saber o preço da consulta, se cobra ou não a primeira, a formação do terapeuta, linha de trabalho, por exemplo), complicações ou facilidades para marcar o horário, se fica puxando conversa e já quer iniciar a consulta ao telefone, se é direto e objetivo, são dados que auxiliam a montar um quadro psicológico do paciente, a ser confirmado (ou refutado) posteriormente.

Tais detalhes fornecem informações interessantes que formam um conjunto a ser avaliado globalmente. Gilliéron (1996, p. 129) parece muito apressado quando firma um diagnóstico de perversão de caráter, baseando-se somente em um diálogo ao telefone.

A graça e a dificuldade do trabalho com pacientes residem em observar que a mesma atitude pode albergar significados díspares em pacientes com estilos diferentes. Mesmo que se esteja em um serviço público ou numa clínica particular, em que a secretária marca a consulta, é possível saber de alguns detalhes desses primeiros movimentos. Quando ocorre algo que realmente chama a atenção, a secretária acaba falando, mesmo sem ser solicitada. Caso se crie o hábito de perguntar, o grupo da secretaria fornecerá, com detalhes, várias informações importantes.

Muito antes de o cliente entrar na sala de consultas, outras ocorrências se dão. Tem paciente, por exemplo, que desmarca e remarca a consulta mais de uma vez, chega atrasado, chega em cima da hora, chega muito antes.

Na hora em que ele chega, pode se "fazer presente" ou ser discreto, entrar com vários objetos, falar com todos, permanecer calado, arrumar alguma confusão. Em geral, não presenciamos essa hora da chegada, mas ficamos sabendo se algo de significativo ocorreu, porque alguém vai contar.

Enfim, chega o momento de conhecê-lo. Lembrando que já existem várias informações a respeito dele, não é com um olhar ingênuo que o examinamos pela primeira vez.

O paciente está na sala de espera. Pode estar sentado ou em pé, quieto, conversando com alguém, acompanhado ou não, andando, saiu para ir ao banheiro e é você que tem de esperá-lo, pode estar atento à chegada do terapeuta ou absorto com alguma revista ou conversa, pode estar falando ao celular, pode demorar para se levantar, pode cumprimentar com um sorriso ou zangado, pode parecer arrogante ou humilde, pode parecer constrangido, à vontade, pode ficar em pé esperando, pode tomar a iniciativa, pode iniciar uma conversa ou entrar calado, por exemplo.

A maneira como o paciente está vestido também interessa. Mais ou menos formal, clássico, jovem, cores discretas ou aberrantes, confortável ou apertado, engomado, com estilo próprio que lhe cai bem, na moda demais, "mauricinho", bizarro, etc. Lembro-me de um paciente que chegou todo de preto, com uma bermuda agarrada nas pernas, camiseta curta, com um desenho assustador, andando como Cantinflas, tênis enorme para o vestuário, cabelos despenteados. Achei que fosse piada, tal a dissonância com qualquer coisa conhecida, mas era sério. E o problema dele é que não conseguia sucesso com as mulheres, imagine!

Safra (1999) afirma que "a palavra e a linguagem discursiva foram, no mundo ocidental, identificadas à razão", mas "estes dois elementos não cobrem todo o campo simbólico do ser humano" (p. 24).

Ainda segundo o autor,

> O indivíduo apresenta o seu existir por gesto, por sonoridade, por formas visuais, por diversos meios disponíveis para constituir seu *self* e seu estilo de ser. São criações, na maior parte das vezes, de grande complexidade simbólica e não passíveis de decodificação. (Safra, 1999, p. 24)

Observe-se, então, quanta coisa acontece antes mesmo da saudação inicial. O aperto de mão fornece informações que, aliadas ao conjunto, auxiliam a formar um quadro psicológico do paciente. Amassar a mão do terapeuta, a mão mole e sem aperto, a mão suada ou fria demais, não dar a mão, beijar no rosto ou parecer que beija (o que é comum atualmente, "beija-se" apenas encostando o rosto), tem gente que pula em cima e rouba um beijo (até nos assusta), tem quem cumprimente timidamente olhando para o lado, ou olha nos olhos (de forma carinhosa ou desafiadora, por exemplo). Abraços são raros, tem quem entra na sala e nem cumprimenta, tem de tudo um pouco, cabe prestar atenção.

O terapeuta tem sua maneira habitual, mais ou menos formal, de cumprimentar seus pacientes. É interessante ficar atento ao que se passa conosco nessa hora. Podemos estar mais ou menos à vontade, cumprimentarmos de uma forma a que não estamos acostumados, sermos induzidos a tomar alguma atitude pouco usual, ou tudo se passar da forma habitual. Cabe prestar atenção aos movimentos do paciente e também ao que estamos sentindo e fazendo.

Eu deixo o paciente entrar primeiro e fico observando o que ele faz por alguns segundos, enquanto fecho as portas da sala. Nesse momento, o sujeito pode ficar esperando indicação de onde sentar ou já escolher seu canto, ou sentar na minha poltrona (e então eu peço para ele mudar de lugar), pode ficar olhando perdido para o ambiente novo, ou nem olhar para o que existe ao seu redor, pode estar calado ou falando, pode estar me olhando ou não, pode demorar para se sentar, pode estar carregado de coisas e não saber (ou saber) o que fazer com elas.

É interessante estar atento ao clima emocional do momento, se está tenso ou não, se estamos à vontade, querendo ajudar ou organizar, se nos sentimos invadidos, observados, avaliados, competindo, etc.

Enfim, o paciente sentou-se e vai falar (ou não). Quanta coisa aconteceu antes que ele comece a falar do motivo que o levou até ali! Quanta informação se perde, caso não se esteja atento aos detalhes de tudo o que aconteceu antes da primeira fala do paciente na sala de consulta. Tais detalhes fornecem informações que, aliadas à primeira fala do paciente e ao que o analista está sentindo, formam um conjunto de dados que propiciam uma avaliação inicial mais detalhada do paciente.

Primeira fala significativa do paciente

A primeira fala significativa do paciente pode ocorrer, por exemplo, ao telefone, no primeiro contato, na sala de espera, ou nasala de consultas. Às vezes ela se dá na indicação da terapia, com a secretária ou no caminho até a sala de atendimento.

Não há como definir, *a priori*, a primeira fala significativa. A psicoterapia é um procedimento que depende do terapeuta. Mesmo quem trabalha com parâmetros supostamente fixos está sujeito às idiossincrasias da avaliação humana, mesmo que não tenha consciência delas. Terapeutas diversos, talvez, escolheriam primeiras falas significativas diferentes. Em cada supervisão ou terapia com diferentes terapeutas, pode-se encontrar mais de uma opinião. Isso ocorre também na medicina, na psiquiatria, na física, por que não pode ocorrer nas psicoterapias?

A primeira fala significativa do cliente chama a atenção do terapeuta. Não há como escapar dessa relação a dois. Mesmo quando se relata um caso, ou ele é filmado, o crivo da situação passa pelo observador. Então, o critério é esse: o terapeuta tem sua atenção atirada pela fala de seu paciente e é nesse instante que se deve prestar-lhe cuidados maiores. Curioso notar que, nas supervisões, é comum suceder que vários terapeutas terminem por concordar com a escolha da primeira fala significativa para um dado caso considerado.

É claro que a experiência altera a escuta, que a teoria e a abordagem influenciam a escolha da primeira fala. Contudo, não é sempre assim? Quanto mais se aprende e maior é a experiência, mais se modifica nossa escuta, num processo que nunca termina. Provavelmente, assim como todos os caminhos levam a Roma, todos os caminhos levam a lugar nenhum.

Como existe mais de uma possibilidade de falas significativas, e todas elas são importantes, cabe lembrar que é a primeira fala que está em questão. Provavelmente essa primeira fala significativa voltará a estar em pauta, com outros contornos, em vários momentos posteriores, porque a repetição é comum ao ser humano, como Freud lembrou mais de uma vez.

É interessante proporcionar ao paciente uma compreensão do motivo da consulta logo de início. Mesmo sabendo que as falas significativas se repetem ao longo de uma análise ou de uma sessão, a vantagem de captá-la rapidamente não se dá por força de um possível concurso de velocidade, mas pela simples razão de que o paciente se beneficiará se for compreendido o mais breve possível.

Supõe-se que o paciente esteja aflito, pois, do contrário, não procuraria atendimento. Parece vantajoso para ele poder escutar de seu terapeuta uma palavra com a qual ele concorde e se sinta compreendido. Para alcançar este objetivo, a primeira fala significativa junta-se aos primeiros movimentos (apresentação) e à reação emocional do terapeuta.

Reação emocional do terapeuta

Na esteira do pensamento de Ferenczi e Winnicott (1969/1975), meu trabalho atribui fundamental importância à pessoa real do analista. O contexto de uma sessão é forjado tanto pelo paciente como pelo terapeuta. Os dois formam um conjunto único que pode ser chamado par analítico. Um terceiro elemento, um campo, é criado pelo par, e é nesse campo que as trocas, verbais ou não, ocorrem.

Winnicott (1951/1975) denominou espaço potencial esse "lugar" em que as trocas acontecem e onde pode ocorrer a comunicação significativa, que se manifesta por meio da "mutualidade na experiência" (Davis; Wallbridge, 1981/1982, p. 79). Thomas Ogden (1996) chamou de "terceiro analítico" o espaço potencial que ocorre na sessão.

Segundo esta concepção, não se trata de um terapeuta na posição de mero observador, analisando o psiquismo de seu paciente, mas de um par que forma um conjunto diferente de qualquer outra dupla. São dois elementos com lugares e funções diferentes, um na posição de analista e outro na posição de paciente, com tudo o que isso significa, cada um carregando seu mundo interno, e os dois implicados igualmente no processo de análise de um deles, o cliente.

Como o analista participa do processo como pessoa real (Winnicott, 1969/1975, p. 124), com fantasias, desejos, limitações, conhecimento teórico, história de vida, sofrimentos e experiências únicas, esse encontro adquire contornos de singularidade, ou seja, nenhuma sessão é igual a outra e não há dois analistas iguais.

Ferenczi abriu as portas para se pensar na contratransferência. Seu conceito de introjeção refere-se às trocas entre duas pessoas interagindo. Suas ideias desembocaram na teoria kleiniana da relação objetal, na qual dois mundos internos trocam projeções e introjeções.

Winnicott (1951/1975) foi além e forjou o conceito de espaço potencial, lugar de interação entre duas pessoas reais. A partir da noção de que a mãe real interfere e constitui seu bebê, Winnicott chamou a atenção para o ambiente e sua influência na constituição do ser humano.

A reação emocional do terapeuta como instrumento de análise pode parecer arriscada, subjetiva e não-científica. O que Winnicott nos ensinou, no entanto, é a inevitabilidade desta condição. Como no par analítico existem duas pessoas reais, não há como descartar um dos elementos dessa relação, o analista. E como ele está presente, é mais interessante estudá-lo e levá-lo em conta, na hora da compreensão do que está ocorrendo na sessão (Khan, 1988/1991).

Em função do exposto, cabe considerar importante o que o analista está sentindo com o paciente, naquele momento considerado. Daí a reação emocional do terapeuta ser um elemento fundamental na compreensão do paciente. O fato de cada analista ser único e cada par analítico albergar sua singularidade não quer dizer que não se possa utilizar o que se passa em cada sessão como material de reflexão para compreender outros pacientes.

Embora a particularidade de cada análise deva ser resguardada, nós humanos temos sentimentos que, em geral, são compartilháveis, caso contrário seria impossível a teoria sobre nós mesmos, a psicoterapia, e até a vida em comum.

O terapeuta pode sentir, por exemplo, na sessão, rivalidade, proteção (apoio), agressividade, reasseguramento, distanciamento, rejeição, autoproteção, desorganização, estranhamento, irritação, competição, querer organizar a situação, curiosidade.

Cabe lembrar que se trata do que o terapeuta está sentindo e não de suas impressões a respeito do cliente. Nas supervisões, diante da pergunta sobre o que sentiu, é comum o supervisionando dizer: "Senti que o paciente estava triste", ou "senti que ele não falava coisa com coisa", respostas que se referem ao paciente. Nem sempre é fácil saber o que sentimos em cada situação. Muitas vezes é preciso um esforço para entender o que se passou (Ogden, 2003, p. 161).

A reação emocional do terapeuta, na psicoterapia breve aqui delineada, é fundamental para o diagnóstico dos tipos de personalidade (ver capítulo 3). O que o terapeuta está sentindo entra na avaliação da sessão, com a apresentação e a primeira fala, fornecendo elementos para a compreensão da demanda do paciente e para a elaboração do foco.

Em geral, é interessante terminar a primeira sessão alertando o paciente de que é preciso ter havido empatia da sua parte, que ele precisa ter se sentido à vontade para haver intenção de voltar. Se no primeiro contato já se dá algum desconforto mais sério, é difícil a continuidade. Quando se dá um bom entendimento mútuo no início, mesmo que depois haja alguma discordância, ela provavelmente será parte do processo terapêutico, desde que, é claro, o analista não venha a cometer nenhuma grande tolice.

É interessante alertar o cliente com essas e outras informações, porque ele não é obrigado a conhecê-las e elas o auxiliam a se localizar dentro do novo contexto. Cabe recordar que se para nós, terapeutas, as consultas são o fato corriqueiro de nossas vidas, para o paciente, aquele momento é inusitado e ele deve ser esclarecido a respeito de alguns parâmetros que o *setting* analítico propõe.

Sonegar informações ao paciente em nome de uma suposta neutralidade que favoreceria uma transferência menos poluída é acreditar que a pessoa do analista e aquilo que o circunda, que é o enquadre de seu consultório e das sessões, pouco ou nada interferem na convivência real do par analítico. Algumas informações a respeito do enquadre são direito do paciente, e é autoritário (ou sádico?) o analista que espera seu paciente ficar perdido ou sofrer para conhecê-las.

A transferência na relação terapêutica manifesta-se de inúmeras maneiras. Para seguir as associações do paciente evitando induzi-lo, basta escutá-lo, não é preciso se esconder dele ou não informá-lo de situações corriqueiras de um relacionamento que não é o habitual no mundo fora dos consultórios.

8.2 Segunda tarefa

Em geral, é aconselhável começar qualquer sessão escutando o que o paciente tem a dizer. Caso haja uma segunda sessão, vale a pena perguntar como foi a primeira, como o paciente se sentiu, o que pensou e o que achou de ter vindo. O interesse dessas perguntas está em avaliar se o paciente refletiu sobre o que foi dito. Se ele esqueceu tudo, se traz alguma questão, se discorda ou acrescenta são dados úteis para avaliar o grau de comprometimento com seus problemas, sua capacidade de *insight*, etc.

A segunda tarefa, um dos elementos importantes na indicação de psicoterapia, é o tipo de crise do paciente, que pode ser uma crise de aspectos comuns da vida, ou uma crise de sentido de vida.

Estar angustiado ou com sintomas não significa necessariamente estar em crise. As possibilidades de crise são diversas.

Em relação a um casal e uma família, pode-se pensar que o casamento já implica em uma crise em que os dois parceiros precisam formar um vínculo, a partir das tradições de cada família; depois, novas crises com o nascimento dos filhos; filhos na escola, filhos na fase edípica, filhos na adolescência, na faculdade, filhos que saem de casa, doenças, mortes na família, acidentes, separações, crise dos trinta anos, dos quarenta, mudança de emprego, desemprego, novos casamentos, parentes, velhice, etc.

Cada crise desta tem que ser avaliada em seus aspectos significativos e fazem parte de uma avaliação inicial, pois a capacidade de atravessar a crise interessa na hora da indicação.

Outro conceito de crise a ser avaliado é semelhante (não igual) ao adotado por Moffatt (1981/1983), em seu livro *Terapia de crise*, ou seja, um corte na subjetividade do indivíduo, uma ruptura em seu sentido de vida (ver item 9.2).

Exemplificando, cito o caso de um homem de 45 anos que sempre viveu em um mundo onde as coisas eram percebidas como permanentes e lineares. Passou a questionar tudo a partir do momento em que descobriu que sua esposa o traía há anos. Seu modo de viver confiando nos outros e acreditando nas pessoas entrou em conflito.

Poderia separar-se da esposa e procurar outra mulher em quem pudesse confiar e manter seu sentido de vida habitual (voltar ao equilíbrio anterior, ou seja, não entrar em crise), ou poderia continuar com a esposa e desconfiar dela para sempre (entrar em crise). O problema não seria separar-se ou não, mas mudar todo seu mundo, o seu modo de ver as coisas.

Se antes era rígido e acreditava que a família e a esposa eram invioláveis, agora não podia mais sustentar tal posição, a menos que se separasse, o que não queria, porque gostava dela, como afirmava. Poder conviver sem confiança total, alterar sua rigidez diante do mundo, aceitar a relatividade das coisas, seria essa a entrada em crise, em um novo estilo de vida, com outros parâmetros, outros sentidos?

Estes aspectos das crises podem e devem ser compreendidos nas primeiras sessões.

No capítulo 9, sobre crise, esta discussão está detalhada.

8.3 Terceira tarefa

A terceira tarefa é estabelecer o foco do trabalho de uma possível psicoterapia breve. O foco escolhido está ligado às angústias vinculadas às características de personalidade.

O foco do trabalho deve auxiliar o paciente a entender o que se passa e facilitar seu *insight*, possibilitando ao paciente uma reflexão sobre si mesmo, resultando em melhor compreensão a respeito de seu problema atual.

No caso do paciente em crise de sentido de vida, todo o contexto dessa crise será analisado. A psicoterapia breve, nesse caso, exige mais tempo de terapia (em torno de um ano), um paciente em condições de atravessá-la e com demanda para tanto.

Exemplificando, um paciente de 25 anos chegou com queixa de emagrecimento, insônia, angústia e depressão, por causa da namorada que o deixou. Esse rapaz sempre fora eficiente, com bom salário, "poderoso". A namorada não o queria mais. Além disso, tentou uma cartada arrojada, trocando de emprego e estava arrecadando metade do seu salário anterior. Seu pedido de terapia era para torná-lo mais eficiente, para poder assim, recuperar a namorada. Reconhecia ter sido arrogante e agressivo com ela, estilo "machão", sem escutá-la ou levar em conta os anseios dela.

Seu problema pode ser entendido como uma questão de limites, de castração. Ele chega à terapia solicitando mais capacidades para obter sucesso em sua empreitada.

A psicoterapia breve, nesse caso, pode estar voltada para a elaboração desse traço de personalidade, os limites, e em como a questão da castração envolve seu estilo e está ligada até mesmo à separação da namorada.

Discutido isso, pode acontecer que ele pretenda ir mais fundo, aceitando repensar seu modo de ser, como pode acontecer que continue desejando mais eficiência para recuperar a namorada.

Em relação ao namoro, a crise implicaria em poder escutar a namorada, aceitar que ele nem sempre está certo, aceitar os desejos dela, enfim, perceber seus limites e lidar melhor com a castração. Como sua motivação inicial não era por mudança, e como estava muito angustiado, podendo até vir a deprimir, além de estar bastante estruturado em seu modo de ser, a opção por um trabalho inicial de apenas lidar com a questão dos limites e a repercussão disso na sua relação com a namorada foi mais prudente.

8.4 Quarta tarefa

A quarta tarefa consiste em decidir a continuidade do processo de atendimento. Pode ser uma psicoterapia breve psicanalítica, ou de apoio, ou longa, ou terminar com a realização das quatro tarefas.

Para a indicação ser possível, alguns critérios são utilizados: a possibilidade de atravessar a crise atual, a possibilidade de focalização e a demanda de análise. Baseado nestes itens, é possível propor ao paciente a continuidade ou não da terapia.

Concluídas as quatro tarefas, supostamente, o paciente deveria ter melhor noção do que se passa com ele, já teria discutido seu conflito atual, tanto na relação com o analista como em suas relações primitivas, já teria consciência se tem ou não demanda para mudar ou apenas deseja retornar ao equilíbrio anterior, por exemplo.

Após as sessões iniciais, a proposta é que o cliente seja capaz de compreender o motivo da consulta, entenda a razão de seus sintomas e decida se deseja ou não empreender, com aquele analista específico, uma terapia longa, breve, ou se pretende parar o atendimento, baseado em dados mais objetivos do que simplesmente aceitar a autoridade do terapeuta.

8.5 Limites e possibilidades das quatro tarefas

As quatro tarefas, da forma como foram aqui apresentadas, oferecem um norte. São tarefas a cumprir: a intervenção inicial (e o estabelecimento da demanda), o reconhecimento da crise (e a compreensão da biografia e do estilo de vida), o estabelecimento do foco, a indicação da continuidade. Todo esse procedimento está atravessado pela importância de estabelecer um encontro humano que permita a comunicação.

O esquema de quatro tarefas sugere rigidez. Por vezes, essa proposição torna didático o procedimento, mas também o limita. A experiência mostra que nem sempre é possível cumprir com procedimentos preestabelecidos e que eles muitas vezes limitam, atrapalhando a singularidade de cada sessão.

O ideal seria poder observar cada sessão como se fosse única e receber cada paciente sem conceitos prévios. Isso não é possível, porque sempre temos a teoria e a experiência a nos envolver – e, talvez, obnubilar. O desejável seria poder afastar o máximo possível de preconceitos para poder escutar e estar com o cliente da maneira mais singular possível.

O que fazer então? Esse tênue jogo que cobre o espaço entre a facilitação e a obliteração do encontro, com base em um procedimento previamente concebido, só pode ser suavizado a partir da prática clínica e da supervisão continuada.

No fundo, pouco importam as quatro tarefas para o analista experiente, pois ele conseguirá obter as informações que deseja e necessita para compreender seu cliente, independentemente de um roteiro a seguir.

Termina-se no mesmo ponto: a singularidade. Se ela for desrespeitada, não haverá comunicação. Mas se o olhar nunca é ingênuo, a singularidade pode ocorrer a partir de procedimentos, de enquadres.

O enquadre da psicanálise, do plantão, do psicodrama, das quatro tarefas, etc. limitam e possibilitam ao mesmo tempo. Caberá ao analista desenvolver um olhar e uma escuta, dentro dos limites do enquadre, e navegar entre o que limita e o que possibilita o encontro.

As quatro tarefas têm por objetivo oferecer um enquadre inicial propício para a indicação de psicoterapia breve. Observar a crise, estabelecer o foco, clarear a demanda e fazer a indicação é procedimento adotado no presente estudo, para indicação de psicoterapia breve, mas poderia ser útil também em outros enquadres.

A intervenção inicial, objetivo da primeira tarefa, delineada a partir dos primeiros movimentos do paciente, de sua fala e da reação emocional do terapeuta, poderia ser utilizada também no enquadre da primeira sessão de uma análise clássica, assim como a segunda tarefa, a discriminação da crise.

Provavelmente, as "tarefas" são intuitivamente realizadas pelo analista na ocasião das primeiras entrevistas. A diferença com a psicoterapia breve é que as tarefas norteiam explicitamente o enquadre do(s) primeiro(s) contato(s) com o paciente.

Embora esse enquadre das quatro tarefas pareça estranho a uma abordagem aparentemente menos rígida da psicanálise clássica, cabe salientar que um analista, em geral, tem em mente, de modo mais ou menos explícito, algum roteiro (algumas perguntas, pelo menos) quando realiza a(s) primeira(s) sessão(ões).

Alguns analistas fazem muitas perguntas nas primeiras entrevistas, outros preferem deixar a sessão transcorrer mais solta, mas, em geral, os terapeutas têm alguma noção do que gostariam ou precisariam saber para dar continuidade às consultas.

Analistas que iniciam a análise imediatamente após as apresentações formais podem encontrar material para reflexão na proposta das quatro tarefas aqui delineada; o mesmo se aplica para quem trabalha com psicoterapia breve e apenas propõe coleta de dados na(s) primeira(s) entrevista(s).

Embora façam parte de um enquadre diferente daquele da análise clássica, as quatro tarefas em nada alteram o vértice psicanalítico, porque continuam respeitando seus fundamentos como a associação livre, a interpretação transferencial/contratransferencial, as regras da abstinência e da neutralidade, ligados a uma teoria psicanalítica, visando à comunicação que ocorre em um encontro humano.

Em minha prática clínica como psicanalista absorvi a experiência das quatro tarefas de modo natural. Ao encontrar um paciente pela primeira vez, não sei se sua demanda será por psicoterapia breve ou sem prazo definido. Assim, me proponho a escutá-lo de acordo com os moldes das quatro tarefas. Depois da intervenção inicial, da avaliação da crise e da demanda do paciente, encontro-me em condições de verificar se a terapia será breve ou não, estabelecendo o foco, no caso de se impor a proposta de psicoterapia breve.

Respeitando o enquadre das quatro tarefas, ao fim de algumas sessões (às vezes, na primeira), meu paciente e eu nos encontramos em melhores condições de tomada de decisão quanto à continuidade do processo terapêutico. Como já houve interação mútua, o paciente já ouviu minhas intervenções e pode avaliar meu grau de compreensão do que se passa com ele, e eu tenho mais chances de acertar na indicação do enquadre psicoterápico mais adequado para aquele caso.

9
Paciente em crise

Crise é uma desestabilização, uma fase de transição ocasionada por uma desordem em um dado equilíbrio estabelecido.

As crises podem ser pensadas como crises comuns da vida ou como uma crise de sentido de vida.

9.1 Crises comuns da vida

Este tipo de crise ocorre, por conta de angústias, em função de circunstâncias da vida, ou de momentos naturais de passagem.

São exemplos de momentos de passagem de uma família: casamento, nascimento de um filho, entrada dos filhos na escola, adolescência deles, entrada dos filhos na faculdade, mudanças de cidade/país ou de emprego, meia idade, menopausa, senescência, aposentadoria e falecimento dos idosos.

Como exemplos de crises devido a circunstâncias da vida temos: demissão, promoção, doenças na família ou pessoal, desemprego, acidentes, separação, infidelidade e traições, mortes de pessoas próximas, catástrofes, violências, migrações, abuso sexual, assédio moral no trabalho, preconceitos, bullying ...

Todas estas situações são potencialmente complicadas, podendo ser traumáticas ou não. São causas frequentes de procura pela terapia.

Esses eventos difíceis podem ser, ou não, seguidos de uma crise de sentido de vida.

9.2 Crise de sentido de vida

Crise de sentido de vida é uma ruptura de equilíbrio, um corte na subjetividade, uma ruptura de sentido de vida.

Cada pessoa segue seu caminho baseando-se em um sentido para sua vida, sentido que, na maior parte das vezes, não é claramente colocado em palavras. Esta crise se instala quando este sentido sofre uma quebra.

Moffatt (1981/1983) escreve:

> Na perturbação do existir, que chamamos de crise, apresenta-se a impossibilidade do paciente de se auto-perceber como aquele que era; a nova situação o colocou fora de sua história, está alienado: etimologicamente estranho a si mesmo. (p. 9)

Quando um indivíduo entra em crise de sentido, não mais se auto-percebe como aquele que era e se sente fora de sua história. Também não mais reconhece suas relações pessoais como tendo o sentido que antes possuíam.

O sujeito constrói seu sentido de vida em função das experiências com suas primeiras relações significativas, em contato com o ambiente cultural que o cerca. O indivíduo adulto tenderá a encontrar seu equilíbrio psicológico no relacionamento com os outros seres significativos de sua vida atual, o que inclui pais, filhos, parentes, cônjuge, companheiros, amigos e pessoas da convivência no trabalho ou lazer, por exemplo. Esse equilíbrio se dá na sustentação destas experiências emocionais atuais, baseadas nas figuras significativas primitivas.

Se e quando o indivíduo entra nesse tipo de crise, as relações, atuais e primitivas, serão questionadas, a partir das relações atuais. Quando se fala em relação atual e primitiva, cabe lembrar que o inconsciente é atemporal. Por isso mesmo, as relações atuais estão baseadas nas relações primitivas, porque não faz sentido, para o inconsciente, a divisão em passado e futuro, terminologia apenas utilizada para facilitar a compreensão.

O sentido atribuído à vida fornece equilíbrio psicológico. Equilíbrio não quer dizer pessoa equilibrada ou sem conflitos ou angústias; o equilíbrio pode até mesmo ser (para o observador) um grande desequilíbrio, onde tudo está aparentemente desarrumado.

Um sujeito pode estar equilibrado dentro de relações completamente instáveis, com uma vida sem rumo evidente.

Estilo pessoal

Para facilitar a caracterização desta crise, é necessário prestar atenção no estilo de vida da pessoa. Por sua vez, o estilo de uma pessoa é atravessado pelas características estéticas (não-verbais), pelo modo de vida e pelo seu tipo de personalidade.

As características estéticas são apreendidas na relação não-verbal com o outro, como escreve Safra (1999), no livro

A *face estética do self*. O modo de se vestir, o jeito de andar, de olhar, de se mexer, a postura física, os gestos, o cabelo, o cuidado com dentes, unhas e pelos, o tom de voz, a velocidade com que anda, se mexe e fala, tudo isso forma um conjunto único a constituir uma estética singular. É difícil, talvez impossível (fora da linguagem poética), traduzir em palavras a impressão que esse conjunto causa no outro. É uma apreensão de ordem pré-verbal, que auxilia, além da palavra, a compor a imagem de alguém.

A pessoa, ao longo dos anos, vai compondo esse conjunto de características que, aliadas ao estilo de vida e ao tipo de personalidade, formam o estilo pessoal. Esse estilo[11] pessoal, singular, caracteriza o ser humano, sendo reconhecível pelos outros e por si mesmo.

Algumas vezes, na crise de sentido, a pessoa não mais se reconhece e os outros também a estranham. Algo se modificou, embora nem tudo. Um indivíduo é reconhecível, mesmo após uma séria crise, embora algumas características tenham se alterado.

Recordo-me de um colega de residência em psiquiatria que voltei a encontrar anos depois. Ele veio até mim dizendo: "Não me reconhece? Sou fulano. Compreendo, mudei bastante". De fato, de um psiquiatra ortodoxo, com pesquisas com insulinoterapia em esquizofrênicos, ele se transformou em um psicanalista, com alterações em seu modo de vestir, tipo de cabelo, modo de andar e gesticular, etc. Era "outra pessoa".

---

11   Safra (1999, p. 39) define "estilo": "O estilo de ser compõe-se das características da manifestação na forma expressiva utilizada pelo indivíduo. O estilo apresenta a singularidade da pessoa. Ele é estabelecido pelo campo sensorial mais importante na constituição do *self* do indivíduo, pela biografia e dos enigmas de vida característicos de seu grupo familiar" (ver nota de rodapé na referida página).

Nesta crise, é o sentido de vida que se coloca em xeque; impõe-se a sensação de que algo se modificou e não pode continuar como antes, mas a noção de "si mesmo" não se perde. Pode-se dizer que a pessoa continua sabendo quem é ela, mesmo sentindo que não é mais a mesma.

Quando se pensa em crise, em ruptura de sentido de vida, é interessante conhecer o estilo de vida do indivíduo. O que ele faz, do que gosta, quais são seus hábitos, suas preferências, seus *hobbies*, sua visão de mundo.

Qual o planeta que o sujeito habita fornece informações sobre uma possível crise de sentido. Se a pessoa costumava transitar em um tipo de mundo, com certa visão específica, e esse modelo está sendo questionado, surge toda uma série de conflitos que pode transformar o indivíduo, modificando seu sentido de vida. As pessoas com as quais costumava conviver, até mesmo cônjuge e familiares, podem se transformar em estranhos, em função da mudança interna que se institui. Para um indivíduo se sentir acompanhado na vida (o compartilhar), faz-se necessário que esteja rodeado de pessoas que possuam o mesmo entendimento a respeito do que seja o mundo, ou seja, que aceitem os mesmos valores, crenças, hábitos, critérios de importância relativa de determinados assuntos, além de sentimentos e emoções que sejam valorizados ou não.

Todo esse conjunto de fatores delineia o estilo de vida do sujeito, compondo sua visão de mundo e fornecendo um sentido à sua vida, às tarefas do dia-a-dia, à sua existência.

Algumas perguntas são necessárias para conhecer o estilo de vida do sujeito. Por exemplo, se costuma ler algum livro, quais os programas de TV que assiste, se frequenta cinema (ou teatro), quais os filmes preferidos, se lê jornais ou revistas, quais os assuntos discutidos em família no cotidiano, qual o comprometimento com a religião (posicionam-se de modos diferentes diante da vida o evangélico praticante e o católico não-praticante, por exemplo), como lidar com as emoções e com os sentimentos.

As circunstâncias que envolvem o momento das refeições, por exemplo, dão informações a respeito do contexto familiar. Cabe perguntar, no caso de adultos que não moram com os pais, sobre a família de origem e a família atual. Indagar se a família se reúne para o almoço ou para o jantar e sobre o que as pessoas conversam. Esses itens fornecem informações acerca do mundo em que vivem. Há famílias que nunca se encontram na mesma casa, ou não conversam, outras ligam a TV e só a ela dão atenção.

É comum que as pessoas conversem sobre seu cotidiano: como foi o trabalho, a escola, o que aconteceu com a empregada, ocorrências no trânsito, no banco, o que aconteceu com algum familiar. Fatos notáveis do país ou do mundo podem frequentar as conversas: eleições, copa do mundo de futebol, vida ou morte de algum artista, acidentes, por exemplo.

Atendi um adolescente, de 18 anos, cuja queixa era tédio, depressão e dificuldades na escolha da carreira profissional. Sua família jamais conversou de outro assunto que não fosse o seu cotidiano. Nunca um livro, ou cinema, ou poesia, ou música ou fatos do mundo. Ele não se interessava por nada além de passear com os amigos e namorar. Seus pais, engenheiro e advogada, voltados para o trabalho e para a família, preocupavam-se com os filhos e viviam aparentemente satisfeitos com seu modo de vida. Esse rapaz, que não estava em crise com seu modo de ser, jamais questionou o estilo de vida da sua família (deveria fazê-lo?).

Isso demonstra o tipo de mundo que a pessoa habita. Diferem a visão de mundo de um indivíduo que assiste a programas de entretenimento de baixo nível na TV, nunca abre um livro e se informa com o jornal da TV, e a visão de uma pessoa que reflete sobre si mesma, discute literatura, lê poesia, está ligada ao mundo das informações por leitura de jornais e de publicações estrangeiras. A questão, aqui, não é decidir qual estilo de vida é melhor ou mais sofisticado, mas observar que são diferentes.

Outra pergunta interessante diz respeito às perspectivas para o futuro. Sempre faço duas perguntas: (1) Como você pretende (ou gostaria) que a sua vida estivesse daqui a dez ou vinte anos?; (2) Aos 15 (ou 12, ou 20) anos, como você imaginou que sua vida estaria na idade atual? O tempo do ser humano é o presente, mas passado e futuro interagem continuamente na composição do sentido de uma existência.

De posse dessas informações, é possível compor um quadro do estilo de vida de uma pessoa. O tipo de personalidade de alguém transita por esse universo particular caracterizando um estilo próprio de ser.

O estilo de ser de uma pessoa não pode ser desligado de sua biografia e de seu contexto histórico-social. Essas questões gerais influenciam as crises no momento atual deste nosso mundo instável, globalizado (HALL, 1992) e exigente, mas cada um responde a essas demandas de modo particular, determinado por sua biografia.

Durante a crise de sentido de vida, as características de personalidade ligadas ao tipo de personalidade do paciente estão em maior evidência em virtude da maior fragilidade do sujeito.

Em todo caso, a crise de sentido de vida deixa marcas que, com o tempo, mais cedo ou mais tarde, se manifestarão de alguma forma, embora seja de bom alvitre respeitar o momento psicológico do paciente, evitando obrigá-lo a uma empreitada que ele não está em condições de assumir.

Exemplo

Elaine chegou para a primeira consulta com 20 anos de idade, em março, no ano do término de sua faculdade. Estava deprimida e assustada, com receio de não melhorar.

Ela vive com o pai, a mãe e um irmão, no mesmo apartamento desde que nasceu, em um bairro de renda média em São Paulo. Nesse bairro estão amigos de longa data que vivem no mesmo prédio ou nas redondezas, que fizeram o mesmo colégio de freiras e que partilham o mesmo universo cultural.

Os amigos costumam ir para as baladas de "surfistinhas", nas quais rolam drogas, música "tecno". A intenção é "arrumar" alguém para 'ficar' durante a noite. Elaine está terminando a faculdade de turismo e pretende trabalhar com produção de eventos. Não costuma ler livros, estuda "para passar de ano", vai ao cinema raramente para ver filmes de ação, gosta de praia, em casa assiste à TV ou escuta música (pagode ou sertanejo). Elaine não é usuária de drogas.

Elaine é bonita, veste-se com jeans básico e camiseta com a barriga de fora, ou saia bem curta, sem brincos ou colares, com um ou outro anel sem extravagância. Tem uma tatuagem na perna, passa o verão todo com a pele bronzeada pelo sol, o cabelo é comprido, bem cuidado e aloirado como pede a moda. Fala bastante, mas sem exageros, consegue escutar quando estou falando, é inteligente, seu tom de voz é mais para o agudo.

Comparece às sessões com regularidade, poucos atrasos. A consulta desenrola-se em clima amigável, sem disputas.

Ela é sensível, não é exigente ou desrespeitosa, tem um ar mais para adolescente que para adulta.

A mãe é secretária aposentada, com 48 anos e o pai, aos 52, é vendedor. O pai é um sujeito impulsivo, agressivo verbalmente, ciumento da beleza da filha, homem de aparência jovem, passa os dias gritando, reclamando da vida, já sofreu de depressão, anos atrás, quando perdeu o emprego. A mãe aposentou-se recentemente e está se reorganizando. É uma mulher descuidada, que não tem coragem de enfrentar os desafios de uma vida mais de acordo com seus sonhos (queria ser professora), preocupada em não enfrentar o marido com receio de que ele parta (o que ele vive ameaçando) e sem se dar conta de que ele é muito mais dependente dela do que os dois imaginam. A mãe reclama bastante de sua vida e coloca a filha no lugar de amiga, dividindo com ela seus problemas, até mesmo conjugais. Elaine queixa-se desse comportamento da mãe e gostaria de ser tratada com o filha, mas tem pena da mãe.

As conversas da casa giram em torno dos estudos e do futuro dos filhos, questões com parentes, brigas entre os irmãos, queixas financeiras da família, discussões do casal, assuntos do cotidiano e eventos populares que passam na TV.

Elaine passou a adolescência toda com três "casos amorosos" com amigos e colegas da faculdade. Além dos amigos, os três foram suporte que não a deixavam se sentir sozinha. Nesse ano, os três, por coincidência, mudaram-se de São Paulo. A proximidade da formatura fez com que ela se desse conta de que sua vida mudaria. Não veria mais seus colegas da faculdade, seus amigos começariam a namorar e a trabalhar e não se veriam com tanta frequência. Os três casos amorosos saíram da cidade. Elaine passou a se sentir sozinha e assustou-se.

Diplomar-se implica em assumir uma vida adulta, com responsabilidades. Todo esse quadro surgiu à sua frente e sem que ela o compreendesse, apareceram os sintomas de ansiedade, de depressão e dois episódios de pânico. Assustada, com medo de nunca mais voltar a ser a mesma, procurou ajuda.

Para complicar a situação, Elaine não mais compartilha com os pais parte de seu mundo. Não concorda com o estilo de vida da casa, com discussões e brigas cotidianas. Não quer mais ser a confessora da mãe e ter de enfrentar o pai a toda hora. O irmão, mais novo, está com um comportamento idêntico ao do pai, com gritos e brigas contínuas, chegando a agredi-la fisicamente.

Ao não mais se sentir "em casa", no ambiente familiar, Elaine prevê que terá de sair, para montar sua própria casa. O problema é que isso acentua sua solidão. A questão não é apenas sair de casa, é abandonar o estilo de vida da família, o padrão de comportamento dos pais e irmão, qual seja, o de reclamar sempre, gritar a toda hora, brigar por qualquer coisa. Ao não mais compartilhar esse ambiente, Elaine sente estar abandonando a família, principalmente a mãe, que ficará sozinha, sem seu apoio.

Em meio a esse clima, Elaine deixou o emprego, porque não mais queria ser estagiária naquele local em que ganhava pouco e não se sentia valorizada. Passou a ter mais tempo livre para pensar. Teve vontade de mudar o tipo de programa com as amigas, trocar a balada dos "mauricinhos" por outros lugares onde pudesse arrumar alguém interessante para namorar. Ela me disse que, pela primeira vez na vida, queria ter um namorado, o que antes não fazia nenhum sentido. Antes, as baladas e os casos eram mais interessantes.

Observe-se que Elaine entrou em crise. Não viu mais sentido em seu trabalho, anteviu a mudança de vida com a formatura, passou a se sentir sozinha, mesmo dentro de casa, perdeu o apoio dos "namorados", afastou-se dos amigos, assustou-se com as responsabilidades futuras, percebendo que isso poderia implicar em um caminho próprio e solitário.

Ao terapeuta, Elaine manifesta querer ficar mais forte para conseguir sentir-se bem, mesmo sem namorados, sentir-se mais confiante, mais apta para conseguir um bom emprego, para impor-se diante dos outros, no trabalho.

Observe-se que ela está lidando com questões relativas a seu tipo de personalidade anaclítica, mas abrangendo uma gama de assuntos e questões que ultrapassam uma terapia destinada a apenas conhecer as características de seu tipo de personalidade. É claro, no entanto, que tais características têm de ser contempladas, pois fazem parte da compreensão de seu processo psicoterapêutico.

Elaine está em crise de sentido de vida. Em um primeiro momento, ela se coloca em relação de dependência comigo. Debatendo com ela, até mesmo na relação transferencial, foi possível mostrar-lhe suas relações de dependência com os pais, 'namorados' e comigo, discutir sobre questões como a assertividade, a agressividade, a possibilidade do uso do objeto, a possibilidade de se fortalecer para encontrar um caminho pessoal menos dependente da opinião alheia.

No comentado caso de Nair, apenas se trabalhou seu tipo de personalidade na psicoterapia breve, esclarecido no triângulo de *insight*. Mostrou-se seu jeito fálico para com a terapeuta, com o marido e com os homens, com a dúvida da separação/viagem, relacionando tudo isso à sua história de vida. Não se entrou em outra questão, como questionar seu jeito fálico de ser, porque esse não era o problema que a preocupava.

No caso de Elaine, ela chegou com a crise colocada. Com sintoma depressivo importante, ela estava questionando tudo e não apenas se iria acabar a faculdade ou não, ou o que faria sem namorado. Quando lhe apontei que seus sintomas tinham a ver com seu momento de vida, com as inevitáveis mudanças que anteviu, com o questionamento de seu estilo de vida, ela se acalmou.

Em Nair, as dificuldades da vida relacionadas ao seu tipo de personalidade permitiram propor uma psicoterapia breve psicanalítica que focasse no conflito atual ligado às características de personalidade.

No caso de Elaine, a situação era mais complicada. Ela não mais estava se reconhecendo em sua casa, estava querendo mudar seu modo de vida: outra casa, outro trabalho, outros programas, um namorado. Claro que o estilo de vida é atravessado pelo seu tipo de personalidade. O questionamento quanto ao estilo pessoal será atravessado por questões como a dependência, como a necessidade de apoio, como a assertividade, como a agressividade, que passam a ser, entre outros, os assuntos da terapia.

Exemplo: Augusto Matraga

Para quem prefere um exemplo retirado da literatura, em *A hora e a vez de Augusto Matraga*, Guimarães Rosa (1946/1978) apresenta o personagem Esteves, ou Nhô Augusto, logo de início, como um sujeito estouvado e sem regra.

Depois de acontecimentos significativos em sua vida (quase morreu e perdeu tudo o que tinha), ele abafa seus sentimentos, só trabalha e reza, retornando a um lugar psíquico conhecido, à época em que foi criado pela avó que o queria padre. Até este momento, embora ele esteja em crise e sofrendo, não há crise de sentido de vida.

Com o tempo, Augusto passa a recuperar algo antigo que era seu, como pitar, ou a "vontade de ficar o dia inteiro deitado, e achando, ao mesmo tempo, muito bom se levantar" (Rosa, 1946/1978, p.112). Quando Augusto encontra o bandido Joãozinho Bem-Bem, e o acolhe em sua casa, ele se dá conta de que sente falta de algumas coisas do seu passado, de si mesmo.

Augusto percebe que não há volta ao dizer: "Agora que eu principiei e já andei um caminho tão grande, ninguém não me faz virar e nem andar de fasto!" (ROSA, 1946/1978, p.119). Ao mesmo tempo, sente que não é possível permanecer onde está: "Cada um tem a sua hora, e há de chegar a minha vez!" (Rosa, 1946/1978, p.119).

Na crise de sentido de vida é assim, não há retorno possível ao equilíbrio anterior, algo se modificou para sempre. Ao mesmo tempo, para onde ir? Augusto não é mais o sem-regra de antes, nem uma pessoa que só reza e trabalha para o bem dos outros; é talvez uma fusão dos dois, mas com algo novo, inusitado.

Nhô Augusto, em cima do jumento, foi porque ele "estava madurinho de não ficar mais, e, quando chegou sozinho, espiou só para a frente..." (Rosa, 1946/1978, p.121).

Esteves, no jumento, é a imagem da crise de sentido, indo sem saber para onde, mas sabendo que tem que ir. Saberia ele que estava cada vez mais perto do lugar onde nascera?

Ele diz: "Não me importo! Aonde o jegue quiser me levar, nós vamos..." (Rosa, 1946/1978, p.123). Augusto vai ao encontro de seu sentido de vida, de seu eu, encontrando a si mesmo no embate com Joãozinho Bem-Bem, integrando pai e avó de um jeito próprio.

Não há retorno na crise de sentido de vida, ao mesmo tempo que não sabemos aonde o jumento nos vai levar. Não é à toa que é angustiante.

10
Manejo do paciente em relação à crise

10.1 Paciente com crises comuns da vida

Quando o paciente está fora da crise de sentido de vida, o foco está baseado nas angústias ligadas às características de personalidade do paciente, adjunto ao motivo da consulta.

Ela é apropriada para pacientes que, embora em sofrimento, estejam à beira da crise, mas que não apresentem condições de atravessá-la.

Alguns pacientes mais complicados podem se beneficiar de uma terapia desse porte, mas resistiriam ao longo processo de uma análise. É preferível colocá-los em uma psicoterapia breve a copiar o médico que, embora bem-intencionado, não consegue escutar a demanda de seu cliente e propõe um tratamento que não será seguido.

O terapeuta, ao indicar esse tipo de psicoterapia breve psicanalítica, após a apreensão do estilo do paciente, centrará a terapia no esclarecimento de seu modo de funcionamento, a partir dos três tipos de personalidade. Observe-se que, nesse caso, o terapeuta vai ajudar o paciente a compreender seu modo de ser, diminuindo o sofrimento em pauta.

Nas primeiras sessões, de acordo com o esquema proposto das quatro tarefas, as características de personalidade ligadas ao motivo da consulta serão tema de discussão, como primeira abordagem do assunto, com o fito de formar uma aliança terapêutica e proporcionar um discurso comum.

Na psicoterapia breve com o paciente com crises comuns da vida, esta primeira abordagem ampliar-se-á, o foco do trabalho aí se aprofundará, durante alguns meses. A compreensão de si mesmo, a partir da análise das características de personalidade ligadas às angústias, permite ao paciente uma reflexão sobre si mesmo que o auxilia a lidar com seu sofrimento.

Após os exemplos descritos no capítulo sobre os tipos de personalidade, pode ficar mais clara esta proposta de trabalho. Note-se a paciente Nair; seu modo de funcionamento não sugere ter havido uma ruptura em seu sentido de vida. Ela parece "satisfeita" com seu modo de ser fálico, apenas está sofrendo por não ser tão poderosa quanto antes.

A paciente chegou afirmando não pretender realizar uma terapia longa, pois seu problema, segundo ela, era circunscrito à dúvida em relação à separação. Seu modo de chegada, as marcantes (quase caricaturais) atuações transferenciais, logo de saída (desmarcar consulta, tentativa de retirar a terapeuta de seu lugar de saber, falar sem ouvir, por exemplo), demonstram um quadro não tão simples para modificações.

Por que respeitar a sugestão (ordem?; pedido?; demanda?) da paciente de não iniciar uma terapia longa? Por que não tentar convencê-la a começar um processo de análise sem prazo definido?

Porque essa é uma pessoa que, pela tendência a disputar o tamanho do seu falo com o mundo (e com o terapeuta também), em um primeiro momento até poderia aceitar a proposta da analista, mas depois passaria a boicotá-la. O trabalho com esse boicote, observado na relação transferencial, faria sentido em uma análise longa. Mas quem garante que essa mulher vai seguir uma análise por um tempo suficiente para trabalhar essa questão, quando o que ela solicita é uma psicoterapia pontual? Em nome de quê se teria de convencê-la a seguir uma análise?

No momento em que veio à primeira consulta, ela estava mais interessada em resolver sua questão com os dois homens do que lidar com sua falicidade na relação terapêutica. Deixar de reconhecer esse detalhe é facilitar que a paciente desista da terapia após um período mais curto do que o inicialmente pretendido pelo terapeuta.

Observe-se que interpretar o modo de ser da paciente, a questão dos limites, da castração, repetindo-se na relação com a terapeuta, faz parte da terapia. Não concordo com os autores de psicoterapia breve que preconizam não trabalhar com a relação transferencial, ou só lidar com ela para diluir obstáculos. Penso, concordando com Malan (1976/1981), que a interpretação da relação transferencial facilita a compreensão do paciente sobre si mesmo e fortalece a relação com seu terapeuta, porque a compreensão do que está ocorrendo no "aqui e agora" da sessão ajuda o andamento do processo de terapia.

Minha proposta de trabalho com a psicoterapia breve está baseada em um foco centrado no modo de funcionamento do sujeito, ou seja, na maneira como a angústia está entremeada com seu tipo de personalidade. No caso de Nair, os limites, a castração, são os aspectos da personalidade em questão.

A elucidação desse foco se dá a partir de interpretações das relações pessoais que ocorrem no triângulo composto pelo analista, pelas relações primitivas e pela relação conflitiva atual (triângulo de *insight* de Menninger, em obra 1958).

Esse trabalho desenvolve no paciente um olhar reflexivo e tem uma função integradora. Trabalha com o *self* do paciente, situando-o em relação a si mesmo. Neste sentido, pode ser compreendido como um trabalho que se situa no vértice psicanalítico.

Esta proposta de psicoterapia breve difere da "psicoterapia de esclarecimento" de Fiorini. Ele a entende como um trabalho com as seguintes características: contexto de discriminação; posição frente a frente; interpretações transferenciais apenas para diluir obstáculos; caráter prospectivo (atenção voltada para o futuro); fortalecimento das funções egóicas adaptativas; função docente e esclarecedora do terapeuta.

A psicoterapia breve aqui proposta utiliza as interpretações transferenciais não apenas para diluir obstáculos, mas para facilitar a compreensão do que se passa na sessão e na vida do cliente. O caráter prospectivo proposto por Fiorini tende a não aprofundar na compreensão e na análise das relações primitivas, diferentemente do que é aqui proposto.

O contexto de discriminação de Fiorini inclui contato empático manifesto, calor humano, iniciativa, espontaneidade, motivação do paciente para a tarefa, reforço dos progressos, exposição de seu método de pensamento. A meu ver não é necessário definir *a priori* como o terapeuta deve sentir e agir, a não ser na psicoterapia breve de apoio.

A atenção, nos dois casos, está voltada para o foco. A diferença é que na psicoterapia breve psicanalítica o paciente continua em associação livre e o terapeuta respeita a neutralidade. Na proposta de Fiorini, a compreensão psicodinâmica dos determinantes atuais implica atenção voltada para o futuro, enquanto a psicoterapia breve aqui defendida se volta para um foco discutido no triângulo – "triângulo de *insight* de Menninger" (1958) – constituído pela relação conflitiva atual, pelas relações primitivas ligadas ao conflito atual e pela relação com o terapeuta, sendo, pois, inevitável (e desejável) a interpretação das relações primitivas. Nesse caso, passado e futuro têm a mesma importância.

Cabe lembrar que as interpretações não-transferenciais são consideradas tão importantes quanto as transferenciais – as duas são veículos de compreensão, visando ao encontro e à comunicação significativa na sessão.

Os autores que trabalham com a *"experiência emocional corretiva"*, apostando no modelo médico, também se afastam do método da psicanálise. Para Lemgruber (1984), o terapeuta que trabalha com a experiência emocional corretiva se propõe ativamente a corrigir as experiências emocionais "traumáticas" de seu paciente a partir de propostas dentro e fora da sessão, após um diagnóstico psicodinâmico. Tem o intuito de corrigir, seguindo o modelo médico de cura. O terapeuta é ativo, tem a intenção clara de criar condições para que ocorra a experiência emocional corretiva desejada. As interpretações transferenciais não são recomendadas.

A psicoterapia breve psicanalítica distingue-se dessas duas abordagens porque se propõe a trabalhar com interpretações transferenciais, embora ciente de que elas não são um fim em si mesmo, no processo terapêutico, mas apenas um meio para a obtenção de uma comunicação significativa.

Entendo, acompanhando Malan (1976/1981) que as interpretações transferenciais facilitam e aceleram a compreensão por parte do paciente a respeito de seus conflitos. Além disso, não há um papel pedagógico voltado para a criação de uma experiência emocional corretiva que vise corrigir uma experiência anterior. A ideia não é corrigir, mas compreender e experienciar.

Na psicoterapia breve psicanalítica o trabalho é mais pontual e circunscrito ao foco, o que não significa que não seja terapêutico e útil, nem implica que seja necessariamente superficial. Um encontro único pode ser profundo.

Resumindo, a psicoterapia breve psicanalítica propõe-se a focalizar o trabalho na compreensão de características ligadas ao tipo de personalidade do paciente, de acordo com uma versão modificada das ideias de Bergeret.

Nessa forma de psicoterapia breve, o enquadre se dá com paciente e terapeuta sentados frente a frente, em geral no ritmo de uma vez por semana, com prazo delimitado logo de início, durando, em geral, de três a seis meses. Um terapeuta inexperiente pode demorar mais do que seis meses e um terapeuta experiente pode demorar menos do que dois a três meses para mostrar ao paciente, no triângulo já comentado, como seu tipo de personalidade está interferindo no conflito responsável pela sua queixa e pelos seus sintomas.

10.2 Paciente à beira da crise de sentido de vida

Deve-se recordar que são numerosos os pacientes que procuram a terapia à beira de uma crise de sentido, cabendo ao par terapeuta-paciente a tarefa de avaliar se há, ou não, condições para atravessá-la.

Por causa do sofrimento imposto pela possibilidade da instalação desta crise, o sujeito vacila entre a mudança ou o retorno ao equilíbrio anterior.

Então, quando o paciente está à beira de uma crise de sentido de vida, faz-se necessária uma avaliação de sua condição de atravessá-la (ou não), o que será realizado na(s) sessão(ões) inicial(is).

Caso ele não esteja em condições de superar a crise, esteja fragilizado demais para se aventurar a realizar mudanças com desfechos imprevisíveis, ou não tenha demanda para tanto, cabe indicar psicoterapia breve psicanalítica que lide com as características de personalidade, sem exigir mudanças significativas.

A psicoterapia breve centrada na crise de sentido é mais apropriada caso o paciente esteja em condições de atravessá-la.

10.3 Paciente em crise de sentido de vida

Esse tipo de psicoterapia breve psicanalítica necessita mais tempo de terapia, porque o paciente estará com demanda para algumas mudanças significativas.

Não é simples – embora não impossível – lidar com um sujeito em crise e auxiliá-lo a modificar-se, em poucas sessões. Parece prudente poder acompanhar o cliente em seu processo durante um tempo, que vai, em geral, de seis meses a um ano. Um ano de terapia não é pouco tempo, especialmente quando se considera que muitas terapias (a maioria?) que pretendiam durar bastante tempo não chegam a um ano de vida.

O foco leva em conta a crise, a demanda e as características de personalidade ligadas aos tipos de personalidade; o trabalho segue o curso das associações do paciente, com o analista em atenção flutuante, respeitando as regras de abstinência e neutralidade, lembrando que a crise e o limite de tempo levam o paciente a focalizar espontaneamente seu interesse na questão que o aflige,[12] não sendo necessário o analista estar em atenção e negligência seletivas, como propõe Malan.

O tempo dispensado para esse tipo de psicoterapia breve, em geral, é de seis meses a um ano. A data de encerramento é fixada logo no início, o frente a frente também é utilizado, e a frequência é, em geral, de uma sessão (às vezes, duas) por semana.

Observe-se que Élio, descrito no item sobre paciente do tipo anaclítico, tem possibilidade e tempo para um trabalho de psicoterapia breve com a crise. Nesse caso, a focalização na crise de sentido girou em torno de sua dificuldade em ser assertivo (agressividade), de cuidar de seu próprio destino e de assumir suas próprias vontades, a despeito dos interesses alheios. São essas as características de personalidade ligadas ao tipo Anaclítico que estarão em pauta e que serão o foco do trabalho terapêutico, além de todas as questões relativas às consequências da crise em sua vida.

A partir de um procedimento que respeita o vértice psicanalítico, parece apropriado, no caso de Élio, deixá-lo associar livremente, permanecendo o terapeuta em estado de atenção flutuante.

Com a crise e o limite de tempo exercendo pressão, a terapia de Élio pode se estabelecer sem a necessidade do terapeuta ser "mais ativo", podendo se respeitar a regra

---

12   Essa questão do paciente focalizar espontaneamente é questão delicada. Mesmo em uma análise longa, o analista sempre tem suas preferências teóricas e sua escuta estará influenciada pelos seus estudos e seu modo de ser. Por exemplo, cada analista lacaniano fará o corte da sessão em momento diferente, salientando a presença inevitável da pessoa do analista. A experiência mostra que o paciente em crise fala do assunto que o aflige; mesmo assim, o analista pode ou não, escutar o que o paciente diz e, privilegia sempre, pautado pelo seu Eu, um recorte do que o paciente está oferecendo como possibilidade de análise.

da abstinência e a neutralidade. Com o limite de tempo instituído desde o início, observa-se que o paciente não se coloca regressivamente na mão do terapeuta e a neurose de transferência não se instala.

As sessões de Élio mantêm semelhança com uma sessão de análise comum. A diferença ocorre em função da pressão exercida pelo limite de tempo e pela crise, pois o paciente tende a referir-se ao que o aflige – no caso, as questões relativas a seu problema de dependência com o pai, dificuldades em resolver a situação com a namorada, em concluir a tese e tornar-se independente.

As interpretações do terapeuta, nesse caso, podem ater-se a diversas situações extratransferenciais surgidas a partir das associações do paciente, mas é interessante que também possam se ater ao triângulo de *insight* de Menninger, qual seja, a relação de dependência com o pai, a dificuldade de se impor na relação com a namorada e o desejo de ser apoiado pela terapeuta.

É preciso, na terapia com Élio, tomar o devido cuidado para não protegê-lo e para não orientá-lo. Sua necessidade de apoio e de acolhimento pode levar o terapeuta a deslocar a dependência em relação ao pai e torná-lo dependente da terapia. Revelar, na relação transferencial, seu desejo de proteção e apoio e oferecer-lhe suporte para que ele consiga ter acesso a seu próprio destino, é tarefa possível em oito meses, embora seja fundamental acreditar que Élio poderá continuar seu processo de amadurecimento pessoal mesmo após o término da psicoterapia breve.

A partir das interpretações acredita-se na possibilidade do desenvolvimento de um olhar reflexivo, de uma compreensão maior de sua crise e se espera que uma comunicação significativa entre terapeuta e paciente possa ocorrer.

11
Indicação de psicoterapia breve

Um dos grandes problemas da psicoterapia breve é que ela responde à necessidade econômica, tanto do serviço público quanto dos seguros de saúde e dos convênios médicos, ou seja, às vezes, ela é indicada em situações impróprias.

A questão institucional é apenas parte do contexto. Cada vez mais o paciente, fruto da vida agitada e consumista do atual mundo capitalista e globalizado, não se contenta com um trabalho que não seja pontual e breve, até porque custa dinheiro e tempo.

Há pacientes que já fizeram anos de terapia e não mais desejam iniciar novo e longo processo psicoterapêutico. Tentar convencer alguém, que não pretende uma tarefa longa, a fazer uma análise sem prazo definido, é uma das causas de inúmeras desistências depois de um curto período de terapia (curto para o analista que estava imbuído do espírito de uma análise sem fim com aquele paciente que se foi).

Aceitar a demanda de um paciente que não está em momento de sua vida para iniciar uma análise – por diversas razões – e conduzir uma psicoterapia breve bem-sucedida são suas indicações pertinentes.

A psicoterapia breve, nestes casos, não precisa atender à demanda social por superficialidade. Ela pode ser breve no tempo e profunda em seus propósitos.

Não se deve esquecer de que a psicoterapia breve pode ser uma porta de entrada para uma posterior terapia mais longa. O paciente, entrando em contato com questões pertinentes, poderá ficar interessado em prolongar a compreensão do que lhe ocorre, estimulado pela comunicação com seu terapeuta.

No caso de um paciente mais complicado, a psicoterapia breve pode ser uma boa indicação, porque algumas pessoas não querem ou não podem correr o risco de serem consideradas loucas, caso iniciem um tratamento longo.

No caso em que o paciente não esteja em condições psicológicas de ir para uma psicoterapia breve, pois esta poderia levantar questões complicadas, sem haver condições para a continuidade da análise, o problema também é menos delicado: esses casos devem ser encaminhados para terapias longas.

Há pessoas com resistências enormes para fazer uma terapia. É comum isso ocorrer com casais, quando um é favorável às psicoterapias e o outro não. A proposta de uma psicoterapia breve para o casal facilita a aceitação de terapia por parte de um dos parceiros e abre a possibilidade de compreensão do que é um processo psicoterapêutico.

Entre enfrentar o paciente e induzi-lo a aceitar, a contragosto, uma terapia longa e escutar sua demanda e propor psicoterapia breve psicanalítica, qual a indicação mais razoável? Colocado assim, o problema parece plausível. Pergunto-me, porém, quantos analistas realmente agem dessa forma.

Faz pouco tempo recebi uma paciente de 22 anos, trazida pela mãe, que estava assustada com a indefinição profissional da filha, recém-formada em arquitetura e "desempregada" havia três meses. A jovem criatura teve outras duas tentativas de psicoterapias, malsucedidas e que duraram poucos meses cada, e veio apenas para satisfazer a mãe. Considerava todos os terapeutas pessoas desequilibradas.

Após a consulta, da qual a mãe também participou durante um tempo, a moça, entre adulta e adolescente, afirmou que voltaria um dia, caso sentisse necessidade. Ao escutar sua demanda de não-análise no momento, entendendo o que se passava com ela e com sua mãe e pai (e por tabela, comigo), relacionar isso tudo ao seu momento de vida e reconhecer que obrigá-la a fazer uma psicoterapia agora seria uma invasão, foi possível abrir espaço para uma possibilidade futura de análise.

Ao realizar uma consulta ciente da possibilidade de que essa pessoa talvez não voltasse uma segunda vez, tornou possível fazer uma intervenção única. Nesse caso foi apenas uma sessão, em outros casos isso pode ocorrer em uma Psicoterapia Breve.

Outra indicação de psicoterapia breve acontece quando algum limite de tempo pré-determinado se impõe. Como exemplos, pensemos em viagem, mudança de cidade, uma cirurgia, um exame (vestibulares, digamos), uma decisão inadiável (entre amante e cônjuge, entre aceitar ou recusar uma proposta de promoção ou rescisão de contrato com vantagens), uma decisão sobre negócios ou mudança de atividade, uma doença grave, a iminência da morte.

Certa vez, um professor de psicanálise, disse-me que, em circunstâncias como as descritas, iniciaria uma análise e depois veria o que fazer. É uma opinião. Prefiro indicar psicoterapia breve nesses casos.

No caso de terapias de casal ou familiar, a indicação primeira deveria ser de psicoterapia breve psicanalítica. Não faz sentido um casal ficar anos em terapia, pois esta tenderá inevitavelmente para terapias individuais na presença um do outro, o que é, no mínimo, questionável.

Nelson Rodrigues (1957/1981), em sua escrachada e hilária peça "Viúva, porém honesta", na palavra de "Diabo da Fonseca", diz que:

> o amor morre no banheiro e provo. Quando um cônjuge bate na porta do banheiro e o outro responde lá de dentro: 'Tem gente', não há amor que resista! [...] Portanto, nada de camas nem de quartos separados. Separação sim, mas de banheiros. Cada um deve ter seu trono exclusivo. (p. 262)

A intimidade de um casal deve ser preservada e a psicoterapia não pode expor os cônjuges a invasões de privacidade desnecessárias, como ocorreria em uma psicoterapia individual a dois. Em uma terapia de casal, uma vez entendidas as questões relativas aos dois, faz mais sentido o encaminhamento para terapias individuais, breves ou não.

O terapeuta também deve ser levado em conta na hora da indicação. A indicação de psicoterapia breve nos casos em que o paciente não quer, não precisa ou não pode aceitar uma terapia longa, é interessante tanto para o paciente quanto para o analista.

O analista esquece de si quando propõe uma análise longa para um paciente sem condições de aceitá-la. Quando se recebe um paciente para uma terapia, também há todo um investimento da parte do terapeuta. O terapeuta prepara-se para receber seu paciente, procura conhecê-lo, faz supervisões, fixa horários, coloca-se à disposição dele para auxiliá-lo em um caminho nada fácil (para os dois). Todo esse investimento afetivo vê-se frustrado quando o paciente, depois de pouco tempo (pouco para o analista) resolve partir. A sensação de abandono, de frustração profissional, o questionamento quanto a possíveis erros de avaliação, a perda financeira e o vazio do trabalho incompleto são vivências nada confortáveis a que o analista se submete, cada vez que não avalia se o paciente estava tão implicado quanto ele, desde o início, para uma tarefa longa.

O terapeuta está sempre implicado. O viés pessoal interfere na indicação e no maior ou menor preconceito em relação ao assunto. Cabe, ao se conhecer um autor, buscar sua origem e seus interesses. Embora não obrigatório, costuma ser diferente o pensamento de um profissional que apenas trabalhou em seu consultório privado, de outro que atuou em instituições atendendo casos graves. Iniciar a graduação pela área filosófica, médica ou psicológica influencia o analista. Quem sempre precisou ensinar ou treinar seus alunos em uma instituição de ensino pode pensar diferentemente de alguém que nunca supervisionou ninguém.

Com estes exemplos quero salientar que, na maioria das vezes, não há um certo e outro errado na hora da indicação, mas pontos de vista diferentes e, muitas vezes, razoáveis.

O momento histórico e a instituição a que o autor está ligado também é fonte de interesse para verificar de qual lugar se está falando. Freud, ao debater e discordar de Ferenczi, de Jung ou de Reich, estava preocupado não apenas com a teoria, mas também com questões políticas, com a defesa da psicanálise.

Isso acontece sempre. Às vezes, discussões teóricas são permeadas por posições políticas nem sempre esclarecidas.

Cabe ao leitor estar atento à história de vida de cada autor para ter noção melhor da sua posição teórica.

O fato de Freud não gostar da clínica interferiu, como não poderia deixar de ser, em suas posições teóricas, por exemplo, quando, na virada dos anos vinte, ele cunhou seu conceito de pulsão de morte para dar conta da reação terapêutica negativa, enquanto Ferenczi propôs modificações técnicas para lidar com a mesma questão. Gilliéron, pelo fato de seguir a teoria freudiana, precisa acoplar a teoria da comunicação às suas ideias sobre Psicoterapia Breve, enquanto eu prefiro considerar Winnicott como referência para dar conta de questões semelhantes.

Finalizando, qualquer indicação de psicoterapia, breve ou não, é subjetiva, passando pelos critérios do psicoterapeuta, atravessada pela sua formação idiossincrática.

11.1 Quanto aos tipos de personalidade

Em *Confissões*, Santo Agostinho (1997) escreve entre os anos 397-400: "Muitas vezes eu cometia fraudes no jogo para conseguir vitórias, dominado pelo tolo desejo de superioridade sobre os outros" (p. 45).

A psicologia, supostamente, não deveria albergar pecados. Desejar (ou precisar) ser superior aos outros, como pode ocorrer com muitos neuróticos, não é pecaminoso, é apenas um modo de ser. Assim como também o desejo de se isolar, ou a necessidade de estar com pessoas (ser "dependente"), pode ser somente uma característica de personalidade e não um defeito.

Muitos psicanalistas e psicoterapeutas que trabalham com psicoterapia breve, com sua crença na evolução libidinal, tendem a considerar o neurótico como mais bem-resolvido, porque seu conflito é edípico. Neste sentido, pré-edípicos seriam menos saudáveis que pessoas com conflitos edipianos, portanto candidatos piores para uma psicoterapia breve.

Encontra-se essa opinião em diversos autores, por exemplo, em Sifneos (1992/1993). A noção de normalidade, para muitos, passa pela ideia de que o ser humano deve conseguir (ser capaz de) se sentir bem sozinho, deve viver em harmonia com os outros, deve saber trabalhar em equipe, respeitar o outro, não pode ser dependente, não pode querer dominar o outro, não pode querer se isolar.

A meu ver, estas generalizações não respeitam o modo de ser de cada um dos três tipos de personalidade. O anaclítico será sempre mais dependente (dependente somos todos). Ainda que consiga viver muito bem sozinho, estará acompanhado, mesmo quando escreve solitariamente um livro, durante meses. Um narcísico normal, estará mais voltado para si, mesmo quando cercado de gente. Um neurótico estará com sua atenção voltada para os limites a maior parte de seu tempo.

E tudo isso é normal, porque os seres humanos não são iguais, a singularidade deve ser respeitada, sob pena de se querer construir uma "raça psicológico-eugenicamente sadia".

A tentativa de uniformizar comportamentos e de impor normas de sanidade está enraizada no pensamento moral do terapeuta que, pensando assim, não respeita as características de cada tipo de personalidade, correndo o risco de angustiar ainda mais seu paciente, à medida que ele não se sinta acolhido e compreendido.

Diante do exposto, cabe a afirmação de que não há diferença de indicação em relação aos tipos de personalidade. Contrariando Sifneos, por exemplo, a indicação pré-edípica é tão cabível quanto a edípica, porque uma pessoa regida pelo ideal de ego ou pelo id pode ser tão ou mais saudável que outra regida pelo Édipo. Alguém, por acaso, acha simples lidar com uma histeria grave, ou com um obsessivo grave?

Outra ideia preconceituosa diz respeito aos núcleos psicóticos da personalidade. Como vários psicanalistas os consideram mais profundos, alguns autores entendem que eles devem ser evitados na hora do trabalho com a psicoterapia breve.

A desorganização, a angústia de intrusão, por exemplo, são centrais para o tipo Narcísico, podendo ou não estar presentes, como conflito, nos pacientes dos outros tipos de personalidade. Se deixarmos de lado a desorganização, por exemplo, não poderemos lidar em psicoterapia breve com uma pessoa normal do tipo Narcísico; entretanto, essa pessoa, como se sabe, suporta muito bem uma psicoterapia breve que lide com essa questão, justamente porque lhe faz sentido.

Os três tipos de personalidade envolvem pessoas que vão igualmente da saúde à doença. Lida-se com angústia de castração de maneiras que podem ser tão saudáveis (ou complicadas, ou doentias) quanto as maneiras de lidar com angústias de fragmentação ou anaclítica. Como não há melhor ou pior modo de ser, todas as características de personalidade têm o mesmo estatuto de maior ou menor complicação, tanto para a pessoa conviver com elas na vida em geral quanto para o terapeuta lidar com elas nas sessões.

A indicação de psicoterapia breve psicanalítica dar-se-á em função do motivo que leva o sujeito à terapia e não por causa de seu tipo de personalidade. Geralmente, o foco recairá sobre questões ligadas ao tipo de personalidade da pessoa, o que não é surpresa, pois as dificuldades surgem a partir das angústias a que o sujeito está exposto; justamente, são estas as angústias que levam a pessoa à consulta.

A indicação sofrerá a influência da possibilidade, ou não, do sujeito atravessar a crise. Essa possibilidade está ligada não só à gravidade de cada caso particular, como também à capacidade do paciente em lidar com suas questões pessoais.

11.2 Quanto à demanda

A demanda de terapia é um pedido de ajuda, é o pedido para que um outro auxilie a compreender o que está incomodando, o que está "fora de lugar". Há demanda quando o sujeito percebe que, sozinho, não vai dar conta de sua angústia. Nesse momento, o paciente coloca o terapeuta no lugar do suposto saber, no lugar de quem tem um conhecimento que pode ajudá-lo a resolver o que o aflige.

Quando um sujeito está angustiado, pode tentar resolver seus problemas "atuando" seus conflitos. Por exemplo, pode – o que não é incomum – mudar de cidade, de profissão ou de cônjuge. Por outro lado, pode querer refletir sobre suas angústias.

No caso em que a pessoa solicita ajuda do terapeuta, o pedido pode vir de diversas maneiras. A pessoa pode apenas desejar aliviar seus sintomas, querer algum conselho, ou pode desejar entender o que se passa. Em outras palavras, pode ser um desejo de mudança ou um desejo de retorno ao equilíbrio que havia antes do surgimento dos problemas em pauta.

No caso em que está indicada a psicoterapia breve, o paciente tem algum motivo que o leva a pretender que sua terapia não seja longa. Muitas vezes o cliente vem de outras terapias, bem ou malsucedidas, e não deseja mais um processo longo. Outras vezes, o limite de tempo está imposto logo de saída.

Quando o desejo de mudanças significativas está em pauta, tem sentido a indicação de uma psicoterapia breve mais longa (máximo de um ano).

Quando a intenção é o restabelecimento de equilíbrio, a indicação preferida é uma psicoterapia breve que lide com as características de personalidade ligadas às angústias, ao não se ater a uma crise de sentido de vida.

Dependendo da gravidade do caso, talvez caiba optar pela psicoterapia breve de apoio.

No caso do indivíduo à beira de uma crise, a solicitação de ajuda pode ser para mudança ou não. Em todo caso, há demanda de terapia.

Existe demanda para terapia quando um indivíduo está sobrecarregado, em função de circunstâncias aflitivas da vida. Exemplificando, uma pessoa que valorize a eficiência, passa por período na vida onde muita coisa não está dando certo, principalmente com respeito a problemas no trabalho. Nesse caso, seu sentido de vida, baseado na eficiência, não está sendo questionado; pelo contrário, o desejo (não explícito, em geral) é por mais eficiência. Não há motivação para mudança, mas há demanda por terapia.

No caso de Nair, seu desejo pode ser entendido como um pedido para aliviar sua angústia, com o mínimo de perdas possível. No caso de Elaine, o desejo era por alguém que a acompanhasse em seu trajeto pelas mudanças que pressentia, sem cair em depressão. No caso de Patrícia, o desejo era de que alguém a ajudasse a se organizar, sem ameaçá-la.

A procura pela terapia pode ocorrer quando a crise está prestes a se instalar – o indivíduo está à beira de uma crise.

Voltemos ao caso do indivíduo cuja existência se baseia na eficiência, mas examinemo-lo em outro momento. Ele não pode depender de ninguém, sob o risco de se angustiar muito quando não pode fazer tudo sozinho. O problema, por exemplo, apareceu quando a namorada, que nunca havia cobrado nada neste sentido, passou a falar seriamente em casamento.

Nesta hora, ocorreu uma situação angustiante, pois a parceira de longos anos, com quem já compartilhou um espaço importante de sua história de vida e não poderia ser simplesmente descartada, passou a querer mudar as regras da relação, até então baseada em "cada um por si".

Esse momento em que o parceiro está prestes a alterar o modo habitual do relacionamento, ou seja, o equilíbrio da relação está em risco, é um momento delicado e potencialmente gerador de crise.

Uma vez que um vínculo forte esteja ameaçado, é natural que o indivíduo entre em estado de angústia. Isso ocorre, porque estas relações estão cercadas de significados e fazem parte de um contexto, o contexto do sentido de vida do sujeito.

Também há que se considerar a demanda por mandato, em que a demanda é de um terceiro: o parceiro da relação, um parente, o chefe no trabalho, etc. São sempre indicações complicadas e que muitas vezes não contam com a complementar demanda do suposto paciente.

Estes casos são comuns e constituem um sério problema na hora da indicação. Quem trabalha em Instituições já recebeu alguma vez uma carta de um juiz de direito indicando psicoterapia para um paciente que não tem demanda nenhuma de análise. A demanda no caso é da Justiça e não do indivíduo, o que muitas vezes inviabiliza a terapia.

É importante respeitar o desejo do paciente. As sessões iniciais, com suas quatro tarefas, permitem uma avaliação da demanda do paciente ao procurar responder à pergunta que levou o sujeito a se consultar.

Caso o terapeuta tenha uma única forma de trabalho ele não poderá estar atento à demanda de seu cliente – todos serão tratados da mesma forma. Escutar o cliente e atender sua demanda não implica em fazer "qualquer negócio" para não perder o paciente, significa estar atento ao que a pessoa é capaz de absorver naquele momento específico de sua vida. Respeitar o cliente em sua demanda é poder ouvi-lo, e escutar é fundamental em qualquer análise.

Atualmente, o ser humano dos centros urbanos talvez possa ser comparado a um surfista endividado. O surfe é o esporte que mais se coaduna com o mundo de hoje (Deleuze, 1992), porque o surfista tem de estar na "crista da onda" (ou no "tubo") para não afundar, tem de se equilibrar em uma superfície instável e em contínua modificação (quem nesse nosso mundo pisa em solo definido, sólido e fixo?). O surfista não pode se distrair (admirar a paisagem, por exemplo), precisa se equilibrar para não submergir. Recomeça sempre indo e voltando para o mesmo lugar – sai do lugar? O surfista é solitário e deve estar saudável para praticar seu esporte.

Endividado porque, hoje, a dívida nos persegue. Não apenas a dívida bancária, mas as dívidas com a balança (gordo é feio), com a saúde (olha o bacon e o colesterol), com o esporte (academias que o digam), com o tempo (até para o lazer não se tem tempo), com o saber (dá para ler tudo sobre a própria área de estudo?), com os amigos, com a família, etc. Não há como estar satisfeito e responder a todas as exigências de ser bom em tudo o que é "necessário" para "ser feliz".

Colocar este surfista endividado em um divã, cinco vezes por semana, com tempo ilimitado de análise seria muito interessante para contrapô-lo a este mundo em constante transformação, colocando-o em uma situação de inusitada reflexão. Sugerir, indicar, é cabível. Obrigá-lo a aceitar este enquadre é o erro que a escuta da demanda nos ensina a evitar. Se o sujeito não está preparado para um trabalho longo e sem prazo, é preferível colocá-lo em um lugar possível, adequado às suas possibilidades do momento.

A psicoterapia breve não existe para impedir o aprofundamento nas questões do paciente, ou para mantê-lo na superficialidade, sem maiores reflexões. Pelo contrário, ela possibilita a terapia para aquelas pessoas que, por diversas razões, estão interessadas em um trabalho com tempo limitado.

12
O terapeuta da psicoterapia breve

A análise pessoal, a supervisão de casos, a experiência, o conhecimento teórico, a motivação, o talento individual, todos estes fatores influenciam no desempenho de um terapeuta. O conhecido tripé da formação continua soberano: análise pessoal, teoria e supervisão.

O fato de um terapeuta ser psicanalista ou não, ter experiência institucional fora do consultório, ser docente (às vezes, ele é apenas docente sem muita bagagem clínica) ou não, sua idade, suas crenças teóricas (muitos são contra a Psicoterapia Breve, às vezes sem conhecê-la), maior ou menor flexibilidade ou criatividade como terapeuta, tempo de análise pessoal, são fatores que influenciam tanto o processo psicoterapêutico quanto a própria indicação da psicoterapia.

Muitos psicanalistas acreditam que é necessária uma formação prévia em psicanálise para iniciar o trabalho com outros enquadres. Embora em várias partes do mundo o começo da formação se dê pela prática em psicoterapia breve, verifica-se que o aluno experiente tem mais facilidade para compreender os trâmites de uma psicoterapia breve.

Mas esse mesmo aluno, quando iniciante como psicanalista, também não teve problemas com sua inexperiência?

Nota-se que a experiência é fundamental na vida. Em psicanálise, ela é imprescindível para possibilitar ao jovem profissional tornar-se um terapeuta competente. Sensibilizá-lo para perceber as sutilezas do inconsciente, reconhecer a riqueza das trocas pessoais incluindo a transferência e a contratransferência, iniciá-lo na arte da interpretação, ensinar uma teoria do psiquismo compatível com a prática clínica, fazem parte do ensino da psicoterapia breve ou da psicanálise em geral.

Em dois ou três anos de especialização em psicoterapia breve psicanalítica, seria possível capacitar o aluno inexperiente a atender seus clientes? Tarefa difícil, embora, em última instância, dependa do talento particular de cada um.

Mas, em dois ou três anos de especialização em psicanálise, estará capacitado o aluno? A questão que se coloca para o aluno inexperiente cabe em qualquer iniciação. É claro que é preferível trabalhar com alunos experientes, mas não faz diferença se ele vai começar pela psicanálise, pela psicoterapia breve ou por outra formação qualquer. Será penoso, de qualquer maneira, até porque os alunos de especialização chegam cada vez com menos experiência da graduação. O profissional vai se capacitando para atender cada vez melhor seus clientes ao longo dos anos.

Apesar de todos esses reparos, há um saber acumulado que facilita nossa tarefa em comparação com as dificuldades que enfrentaram os pioneiros da psicanálise. O conhecimento de psicopatologia, do transcorrer de uma sessão, da noção de transferência/contratransferência, da importância da interpretação e da experiência na análise são maiores hoje do que no início do século XX. Daí, iniciar pela formação em psicoterapia breve é possível, aliada ao estudo teórico da base psicanalítica.

Além disso, não se pode esquecer que os terapeutas são sempre diferentes uns dos outros. Alguns são mais teóricos, outros mais intuitivos, o talento individual não deve ser menosprezado. A maior facilidade para compreender a relação transferencial, estar atento às suas questões pessoais na relação com o paciente, tudo isso influencia a aproximação com a prática psicoterápica.

Acredito ser necessário que o terapeuta esteja atento ao que ocorre ao seu redor. Como entender uma pessoa sem conhecer algo de seu mundo atual? O "Espelho", de Machado de Assis (1888/1994), e seu contraponto em Guimarães Rosa são contos fundamentais para discutir a identidade de alguém em nosso século. Shakespeare, Dostoiévski, Sartre, como não lê-los? Ignorando as galinhas e a barata de Clarice Lispector, um terapeuta poderá compreender seu paciente? O dilema das relações pessoais está colocado no filme *Declínio do império americano* (1986), imperdível. Facilita a percepção da continuidade da terapia depois de seu término, ter observado a "chuva de sapos" do filme *Magnólia* (1999). A cena do desenho animado *Shrek*, quando a princesa frita os ovos do passarinho, parodiando a Branca de Neve (ou será a Bela Adormecida?), auxilia na elaboração sobre a agressividade humana, assim como a discussão sobre a ética de Woody Woodpecker, o personagem Pica-Pau. A música, a filosofia, a leitura de jornais, os esportes, o saber sobre os seriados *Seinfeld* e *Friends*[13] – quanta coisa é necessária para

---

13 Essa é apenas uma das listas possíveis de assuntos pertinentes para a formação de qualquer terapeuta. Há inúmeras outras, tão importantes quanto.

a formação de um terapeuta que não seja apenas reprodutor da mídia consumista, um ser absorvido acriticamente pelo seu tempo.

Se tudo isso, e mais um pouco, faz parte da formação de um psicanalista, a questão se complica, ou não, em relação à formação de terapeutas em psicoterapia breve?

O que observo com meus alunos, sobretudo aqueles com maior experiência, é a necessidade de um tempo mais ou menos longo para acreditar na psicoterapia breve. É preciso experimentar para crer, ou seja, é apenas com a prática, com a observação concreta do trabalho terapêutico, que se torna possível fazer uma avaliação pertinente.

Fala-se muito que o terapeuta da psicoterapia breve precisa lidar com seu narcisismo, não deve querer um trabalho perfeito e completo. O trabalho completo não existe. Ilude-se o terapeuta que acredita que dez ou vinte anos de terapia (com cinco ou mais sessões semanais) pode abarcar a experiência humana em sua complexidade. O analista, ao acreditar que seu cliente, após vinte anos de análise, está preparado para qualquer adversidade da vida, não está entendendo as modificações que ocorrem no mundo atual.

É evidente que uma análise de vinte anos pode (não obrigatoriamente) proporcionar ao cliente um sólido conhecimento de si mesmo que o prepare para diversas situações de vida. Não se pode, no entanto, esquecer que após vinte anos, uma pessoa se modifica em função das experiências vividas, mesmo sem psicoterapias; nem deixar de levar em conta que realizar várias psicoterapias breves, ou diversas psicoterapias de alguns anos (com o mesmo terapeuta ou não), pode ter o mesmo efeito que vinte anos de análise contínua.

O terapeuta que trabalha com psicoterapia breve avalia que seu cliente tem o direito de escolher um tratamento adequado ao seu desejo. A flexibilidade para o enquadre é uma característica que o terapeuta de psicoterapia breve precisa possuir. Acreditar que existe apenas uma forma de trabalhar e que o paciente deve se adequar ao estilo do terapeuta são fatores limitantes para entrar na seara da psicoterapia breve.

A possibilidade de transitar entre enquadres variáveis é fundamental. O prazo limitado, uma sessão, alguns meses, um ano de terapia, um paciente que vem à consulta algumas vezes ou mora em outra cidade e tem sessões esporádicas, a realização de várias terapias breves ao longo dos anos, são situações comuns para quem está habituado ao trabalho com psicoterapia breve.

Para trabalhar com psicoterapia breve, o terapeuta necessita ser pessoa disponível para questionar o padrão estabelecido pela psicanálise clássica. É curioso notar como alguns psicanalistas, por puro preconceito, defendem que o tratamento-padrão é o único inquestionável. Argumentos ingênuos tais como "meus pacientes melhoram", "sou obrigado pelas evidências a acreditar na eficácia da psicanálise", "são os clientes que mostram que a teoria está adequada", não se sustentam diante de qualquer rigor comparativo.

Tais afirmações, subjetivas ao extremo, se fossem plausíveis, deveriam valer também para a psicoterapia breve.

Poder questionar também é algo presente na personalidade de quem trabalha com psicoterapia breve. Estar interessado em discutir a respeito do enquadre, percebendo a riqueza de suas variações, desconfiar da relação indissociável entre profundidade e tempo de análise, apreciar o desafio de escapar do estabelecido, poder trabalhar sob pressão do tempo, reconhecendo que ele é fator propulsor e não impeditivo, estar disposto a se cercar de argumentos para defender uma prática que é, preconceituosamente, atacada com frequência, são condições presentes no cotidiano de quem trabalha com psicoterapia breve.

Experiência na vida é fundamental. Alunos recém-formados, na faixa dos 20 anos e na dos 50, são diferentes na apreensão e na compreensão do cliente, fruto das marcas da vida. Mesmo assim, a experiência profissional, ou de vida, nem sempre garante a qualidade de um atendimento psicoterápico.

Um terapeuta experiente e sem ideias preconceituosas, com bom conhecimento teórico e análise pessoal, pode se apropriar do arsenal da psicoterapia breve em pouco tempo, bastando alguma prática específica que lhe assegure a confiança necessária nas possibilidades do paciente de viver sem análise, embora não seja obrigatória a experiência prévia em psicanálise para um terapeuta se inserir na prática da psicoterapia breve.

Em diversos lugares de ensino, como, por exemplo, em Boston (Sifneos) e em Lausanne (Gilliéron), terapeutas iniciantes começam sua formação pela prática da psicoterapia breve (Gilliéron, 1983/1991). A inexperiência do iniciante pode ser compensada pela menor resistência em relação à psicoterapia breve, presente nos terapeutas experientes com ideias preconcebidas negativas em relação a um prazo estabelecido para a terapia. Obviamente o talento e a experiência ajudam, no caso de não haver preconceitos intransponíveis em relação ao tipo de trabalho.

Cada opção teórica de psicoterapia breve requer um estudo específico. Se a prática recair sobre *psicoterapia breve egóica* os autores escolhidos serão diferentes daqueles abordados caso a opção seja pela psicanálise. No caso do vértice teórico utilizado nesse livro é fundamental conhecer autores como Ferenczi, Gilliéron, Malan, Winnicott, Bergeret.

Ferenczi nos ensina que a relação pessoal, a vivência e a transferência/contratransferência são fundamentais. Malan aponta para o limite de tempo e para a interpretação transferencial precoce. Gilliéron salienta a importância das associações livres e do enquadre, enquanto Winnicott coloca duas pessoas reais no *setting* da terapia. A proposta das quatro tarefas, a psicopatologia de Bergeret, a intervenção focal na crise e nas características de personalidade, são todos elementos do estudo da psicoterapia breve defendidos no presente trabalho e que fazem parte da formação de quem for estudá-la.

A prática da psicoterapia breve não se resume a um psicanalista que vá trabalhar com tempo limitado. É preciso um conhecimento específico da influência do enquadre da psicoterapia breve na relação terapeuta-paciente. O manejo do término do processo psicoterápico, o cuidado com a relação terapeuta-paciente, o trabalho com o foco e as associações livres, são elementos imprescindíveis no trabalho com a psicoterapia breve e que requerem atenção voltada para o assunto.

Muito se discorre a respeito da maior atividade do terapeuta. Caso a comparação se faça com uma clínica psicanalítica em que o analista permaneça mais silencioso e intervenha pouco, a pecha de "atividade" é pertinente. Caso se tenha como referência a clínica de Ferenczi ou de Winnicott, a suposta maior atividade abre espaço para um terapeuta que está apenas respeitando uma prática que o coloca na sessão como pessoa real, que intervém na hora certa, respeitados o enquadre psicanalítico e a demanda do cliente.

O terapeuta de psicoterapia breve, enfim, é um sujeito com maior ou menor experiência em psicanálise, aberto a variações de enquadre, atento à demanda do paciente, questionador de ideias preconcebidas, predisposto a acreditar (respeitada a indicação apropriada) na capacidade do paciente em aprender com as experiências da vida, afeito ao corpo-a-corpo da clínica (como Ferenczi), estudioso de autores da psicanálise e da psicoterapia breve, com análise pessoal, com supervisão específica, preparado para se defrontar com preconceitos em relação a resultados e humilde para reconhecer que uma psicoterapia breve tem riscos e limites de várias ordens.

13
Discussão

Adequadamente utilizada, a psicoterapia breve psicanalítica pode ser um instrumento útil para terapeutas e pacientes. Por outro lado, não deve ser vista como capaz de resolver todos os problemas decorrentes do sofrimento humano.

Atualmente, a psicoterapia breve é usada no mundo inteiro, embora ainda se debata com preconceitos de diversas ordens. Na maioria dos serviços universitários, a psicoterapia breve impõe-se por causa do tempo limitado dos alunos nos estágios de aprendizado, sendo comum a iniciação do estudante, nos atendimentos, se dar pela via da psicoterapia breve.

Os seguros e convênios de saúde exercem cada vez mais pressão no sentido de que os atendimentos psicológicos tenham um número limitado e pequeno de sessões. Quando a psicoterapia breve é utilizada como fórmula de barateamento de custos ou como adequação ao aluno em trânsito acadêmico, abre portas para justificadas críticas. Infelizmente, é comum este viés. Qual a justificativa para uma psicoterapia breve, nesse caso, a não ser a falta de tempo e de terapeutas para oferecer ao sujeito necessitado?

Ter acesso a uma psicoterapia breve com qualidade é muito melhor do que ficar esperando em uma fila interminável por uma psicoterapia longa que pode não vir, ou, vindo, chegar atrasada.

Nesse caso, no entanto, a indicação aparece como prêmio de consolação e não como indicação primeira.

Além disso, observo, sem concordar, que alguns locais têm padrões de atendimento que, embora facilitadores para os profissionais, não levam suficientemente em consideração as idiossincrasias dos pacientes. Há serviços, por exemplo, que trabalham com um número fixo de sessões (doze é comum) independentemente da avaliação inicial do paciente. Seria mais interessante, para cada paciente, avaliar qual enquadre lhe seria mais conveniente: tempo ilimitado, e, no caso de tempo limitado, quantas sessões. Estimando *a priori* um número fixo de sessões para todas as pessoas, deixa-se de levar em conta as características do cliente e do par analítico, empobrecendo a indicação e, às vezes, comprometendo a própria terapia.

Por outro lado, um serviço de saúde (público, particular, ou numa escola), necessita de limites e de parâmetros de atendimento para poder funcionar. Não é possível atender a tudo e a todos, sob o risco de comprometer a qualidade. Tem sentido delimitar o prazo quando se atende à demanda do cliente para esta forma de trabalho. Respeitando o interesse do paciente, cumprem-se as demandas e necessidades do sujeito e da instituição.

Na Suíça, com Gilliéron, em Boston, com Sifneos, na Tavistok Clinic em Londres, em Montreal, com Davanloo, nas universidades e clínicas brasileiras, há um número considerável de trabalhos importantes, com estudos catamnésticos sérios, evidenciando a solidez da psicoterapia breve na prática clínica atual.

Os diversos serviços que trabalham com as psicoterapias breves (de cunho psicanalítico) transitam, com algumas variações, na esteira dos legados de Alexander, Malan (Balint), Sifneos e Gilliéron.

Os diversos autores, atualmente, variam suas tendências, a partir da postura em relação à psicanálise clássica. Muitos acreditam que se deva evitar a neurose de transferência de modo ativo, ou seja, evitando a interpretação transferencial, preferindo um trabalho de caráter cognitivo. A ideia da experiência emocional corretiva encontra-se em diversos autores como fator primordial de "cura".

A intervenção mais ativa (Davanloo) ou menos intervencionista (Gilliéron) também permeia o quadro de preferência nas abordagens. Lemgruber (1984), por exemplo, deixa claras suas ideias ao seguir o exemplo de Alexander (1946), adotando a experiência emocional corretiva. O olhar docente, seguindo o modelo médico, está presente nessa proposta que, também por isso, ganha cunho egóico.

Knobel (1986), além de salientar a importância da primeira sessão, a possibilidade de lidar com mais de um foco, sustenta a ideia de não se trabalhar com interpretação transferencial em Psicoterapia Breve, e advoga elaboração mais cognitiva que afetiva, com dez a dezesseis sessões.

Braier (1984/1986), embora se refira constantemente à psicanálise, tem uma prática condizente com a de Fiorini (1978), em relação à ativação egóica do paciente, no papel diretivo ligado ao foco – descartando o extrafocal (Braier, 1984/1986) –, por exemplo. Ao sugerir a utilização das associações livres apenas no material focal (será isso factível?), mais confunde que auxilia (Braier, 1984/1986). Outros autores brasileiros, como Yoshida (1990) e Lowenkron (1993), por exemplo, têm suas propostas, em maior ou menor grau, atravessadas pelos autores citados.

3.1 Resultados. Alta?

A psicoterapia breve pode oferecer contribuições para o estudo da psicanálise, na medida em que salienta a importância do enquadre, discute as questões da alta, dos resultados terapêuticos, do atendimento na crise, por exemplo.

A psicanálise sempre terá de lidar com as questões da alta e a psicoterapia breve tem contribuições a oferecer nessa discussão. Um dos itens complicados, em relação à alta, diz respeito aos resultados. Quais seriam os critérios utilizados para considerar uma terapia bem ou malsucedida?

Pode-se listar alguns critérios de alta: melhora dos sintomas, maior autonomia, ampliação da visão de mundo, maior tolerância às frustrações, fortalecimento do ego, maior flexibilidade das defesas, mais criatividade, mais espontaneidade e autenticidade, melhor discriminação eu/não-eu, melhor compreensão da sexualidade, acompanhada de maior satisfação sexual, melhor capacidade para lidar com separações e vínculos, apropriação da agressividade, tornando-a construtiva, melhor capacidade produtiva, superação do momento de crise.

Observe-se a dificuldade para defender quaisquer desses pontos. São ideológicos, dependentes de uma particular visão de mundo, específica de cada terapeuta. Por exemplo: quando se torna viável afirmar que um sujeito qualquer tem maior tolerância à frustração, nesse mundo em que a possibilidade de se indignar se faz tão necessária? Será que a diferença entre ser espontâneo e impertinente ("folgado") é de fácil percepção? Quais os limites para um desempenho sexual satisfatório? Que critérios de criatividade podem ou devem ser utilizados? Alguém com maior capacidade produtiva é mais bem-resolvido, ou está apenas mais inserido em nosso mundo capitalista no qual a produção (mesmo intelectual) é tão valorizada?

Diante dessas perguntas, nota-se que são subjetivas as razões utilizadas para considerar um paciente em condições de alta. São critérios complicados para avaliação científica: observar se o paciente melhorou de seu sintoma, se está se sentindo melhor, menos angustiado, se consegue estabelecer relacionamentos estáveis, se consegue manter-se em um emprego, se está menos impulsivo, por exemplo. Muitos desses critérios são morais, como, por exemplo, diminuir a impulsividade, ser mais tolerante, ter maior capacidade de frustração.

Em última análise, ao fazer alusão à alta, estamos no campo da ciência ou da moral? Será possível escapar dessa questão? Será preciso escapar?

Existiriam critérios psicanalíticos plausíveis? Tornar "consciente o inconsciente" é frase que soa elegante. Como, porém, verificar tal passagem do inconsciente para o consciente? Não parece absurdo perguntar qual seria a quantidade de "inconsciente tornado consciente" necessária para uma alta? A percepção dessa passagem é intuitiva e, novamente, para fundamentá-la, evocam-se critérios subjetivos.

A psicoterapia de longa duração, até mesmo a psicanálise clássica, pode pretender estar alheia a estas questões, apenas porque o término parece distante ou porque acredita não lidar com a alta. Será?

Uma saída aparentemente confortável seria colocar a resolução nas mãos do paciente: ele se sente melhor, vive melhor, está mais "feliz"! Tal possibilidade não parece viável, pois o terapeuta concordará (ou não) com a avaliação do cliente: são duas as pessoas presentes na relação terapêutica. Por mais que o analista queira acreditar que a análise é do analisando e que ele apenas acompanha o processo, não conheço analista que, sem pestanejar, concorde com o analisando quando sugere pretender deixar a análise. O que se verifica na prática é que o analista nem sempre aceita a avaliação do paciente a respeito da hora de terminar a análise; em outros termos, o critério do analista também existe. Assim não fosse, bastaria a decisão do paciente.

Ao "término" (?) da terapia, o cliente se sente melhor, "sente e sabe" que se modificou, as pessoas (até mesmo o analista) ao seu redor "percebem" a melhora, ele pode estar aliviado de seus sintomas, ter maior autonomia, ter sua visão de mundo ampliada, enfrentar com tolerância as frustrações, ter seu ego fortalecido, maior flexibilidade das defesas, maior criatividade, ser mais espontâneo, com melhor discriminação "eu/não-eu", mais produtivo, ter superado sua crise – e, para nós, terapeutas, isso pode satisfazer. Não são, porém, critérios científicos.

Os objetivos de uma psicoterapia breve, como eu a entendo, não podem estar atrelados aos resultados. Pode-se colocar como objetivos *a elaboração do foco, a compreensão da angústia subjacente à demanda e o estabelecimento de uma comunicação significativa* entre terapeuta e paciente.

Percebe-se que a proposta não nos prende a resultados. Discutir o foco, esclarecer a demanda e obter uma comunicação significativa podem ocorrer mesmo que o sintoma permaneça estável.

Acredito que, uma vez estabelecido um vínculo significativo e após conversar sobre a dificuldade que trouxe o cliente à consulta, este será capaz de continuar elaborando seus conflitos, mesmo após o término do processo da psicoterapia breve.

Uma das preocupações de Freud, na discussão com Ferenczi,[14] era evitar críticas de subjetivismo à psicanálise. Referir-se à psicanálise como investigação, e não como tratamento, é também uma tentativa de escapar dessa situação complicada dos resultados e da alta. Ao discutir alta, debatem-se tratamento e resultados.

Em seu livro *Clínica psicanalítica*, Fédida (1987/1988) discute esta situação apontando que a profissionalização liberal da prática psicanalítica exige a importação de conceitos – trazidos das ciências positivas –, o que leva ao afastamento do uso metafórico e ficcional da investigação psicanalítica e promove a comunicação interativa das condutas terapêuticas. O pragmatismo terapêutico, segundo Fédida, empurra a psicanálise para uma concepção próxima à teoria do ego. Para ele, seguindo Freud, a psicanálise deveria ser investigativa e não psicoterapêutica, pois, ao se preocupar com a terapia, a psicanálise se aproxima da teoria do ego, do subjetivismo, de critérios de alta não adequados à teoria freudiana.

No momento em que a psicanálise clássica deixa de ser apenas investigativa para se tornar também psicoterapêutica, ela esbarra, tanto quanto uma Psicoterapia Breve, em questões delicadas vinculadas à alta e aos resultados de sua prática clínica.

---

14 Ver Introdução do livro *La folie privée*, de André Green (1990).

Se a discussão em torno dos resultados é interminável, baseado em que se poderia afirmar que uma determinada abordagem psicoterápica é "melhor" que outra, ou que as terapias longas são mais eficientes que outras não tão longas, ou que o tempo maior ou menor é decisivo quanto aos resultados?

Uma das vantagens da psicoterapia breve com tempo limitado é que a alta não é decidida em função de resultados. Como o término da terapia está acordado de antemão, o resultado não define a alta. É claro que para isso, como já se discutiu, os critérios de indicação se tornam fundamentais.

Pode-se formular qualquer tabela de avaliação, na suposição de que esta seria mais "objetiva", porém sua confecção e sua avaliação final serão realizadas por humanos (pesquisador, examinador e paciente). Pode-se, por exemplo, estabelecer critérios de avaliação de criatividade, espontaneidade, tolerância à frustração, eliminação de sintomas, submetê-los à análise estatística e cruzá-los em tabelas complexas, empregando computadores. Mesmo assim, a avaliação continuará subjetiva.

Quando meus pacientes pensam em deixar a análise, em geral não me oponho. Limito-me a fazer um apanhado do processo em curso e, exceto em casos específicos, deixo a decisão para o cliente. Agindo assim, muitas vezes eles retornam, tempos depois, para continuar a análise.

13.2 Coleta de informações, intervenção, triagem?

Além da alta, outras questões decorrentes do enquadre estão em pauta. Por exemplo, a psicoterapia breve, necessitando ser aguda todo o tempo, chama a atenção para o primeiro contato com o paciente, o que pode ser fator de reflexão para os psicanalistas.

A ideia de interagir com o paciente logo de início pode parecer arriscada, mas também o é permanecer apenas na escuta. Muitos profissionais não cobram a primeira sessão, acreditando que ela tem por função o conhecimento mútuo, uma espécie de apresentação. Se o objetivo é um conhecer o outro, a interação deveria ser fator intrínseco. Como será possível ao paciente conhecer seu terapeuta se este apenas ouve, sem se manifestar? Não estará trabalhando o terapeuta, ao interagir, ao se manifestar, ao tecer observações pertinentes, fazendo-se conhecer? E se está trabalhando pode deixar de receber honorários?

Parece circularmente incoerente. Se a ideia é se fazer conhecer para ser escolhido pelo paciente, o terapeuta deve interpretar e manifestar-se. Se fala, pode cobrar pelo trabalho. Se apenas escuta (ou, pior, só ouve), não se faz conhecer; nesse caso, de que adiantaria a primeira entrevista?

Se o terapeuta não fizer qualquer observação na segunda sessão, não deverá cobrar honorários por ela? A cobrança de honorários, em nossa profissão, não está atrelada a interpretar ou não; está inserida em contexto de encontros que se iniciam antes do primeiro aperto de mão, que nem sempre são verbais, que muitas vezes são sutis e muitas vezes incompreensíveis. Como então sustentar que uma sessão (a primeira) se destina a um conhecimento mútuo, se esse conhecimento é interminável?

Cobram-se honorários pelo tempo despendido na atenção ao outro; o que acontece na sessão nem sempre é possível colocar em questão, muito menos financeira.

Muitos autores propõem uma entrevista inicial de psicoterapia breve para colher dados, esquecendo-se do intensidade dos primeiros movimentos do paciente e do impacto do contato inicial entre humanos. Como registrar dados em uma folha de papel, quando um mundo de sensações, de comunicações verbais e não-verbais está ocorrendo? Como ignorar toda a comunicação entre dois seres que estão se conhecendo, com inúmeras impressões de parte a parte, com sentimentos nem sempre reconhecíveis, para ocupar-se com um registro de dados? Quantas informações fundamentais se perdem quando o terapeuta se ocupa com a coleta de alguns dados predeterminados?

O impacto estético do primeiro contato com uma nova pessoa contém experiências de ordem emocional e até física. Quem nunca sentiu nada ao se encontrar pela primeira vez com um desconhecido? E muito disso se perde quando a ocupação maior é com a coleta de dados.

As transferências já se instalam na hora da indicação ou da procura da instituição para atendimento. Considerar preferível tomar cuidados com o que dizer, no primeiro encontro, porque ainda não se tem a compreensão da transferência, é desconhecer que o contato humano ocorre mesmo que nada se diga – que não falar também é dizer, que manter silêncio é uma forma de comunicação, muitas vezes equivocada.

No trabalho fora do consultório particular, é fundamental o preenchimento de relatórios com informações a respeito das consultas. A relevância de contar com dados que outros terapeutas futuramente utilizarão é indiscutível. A questão é saber se o preenchimento de formulários deveria se realizar durante a entrevista, o que pode obnubilar a percepção do terapeuta. Além disso, se o formulário é rígido ou complexo demais, pode atrapalhar o encontro humano dentro da sessão.

Uma pesquisa a esse respeito poderia ser estudo comparativo sobre a capacidade de percepção dos problemas do paciente por parte de um entrevistador obrigado a preencher o formulário durante a consulta, comparado a outro, apenas obrigado a preenchê-lo após o término da entrevista.

Outra questão se coloca em relação à triagem destinada a encaminhar pacientes, realizada em hospitais, em escolas ou em ambulatórios. Toda a riqueza do contato inicial se perde quando uma triagem é realizada nos moldes de uma escuta simples. O primeiro contato, mesmo com tempo exíguo, tornar-se-ia mais interessante caso seguisse as sugestões feitas na proposta das quatro tarefas.

De 1983 a 1997 realizei triagens de adultos na *Clínica Psicológica do Instituto Sedes Sapientiae* com duração, em geral, de 12 minutos cada uma. Procurava estabelecer um rápido diagnóstico da situação do paciente, com o objetivo de encaminhá-lo para psicoterapia nos diversos cursos do instituto. Não realizava interpretações verbais e, mesmo assim, muitos pacientes lembravam-se dessa triagem, anos depois. Esse tipo de procedimento foi revisto e substituído por um ou mais encontros, individuais ou em grupo, proporcionando ao paciente, neste primeiro contato, uma possibilidade de interação mais apropriada às suas necessidades.

Nos cursos de formação em psicoterapia, a triagem poderia funcionar nos moldes descritos nas quatro tarefas, proporcionando, para o aluno e para o paciente, uma experiência de contato humano muito mais interessante do que a resultante de uma triagem que apenas vise encaminhar o paciente para outros procedimentos, e nada mais.

A atenção voltada para a apresentação do paciente, para sua primeira fala significativa e a reação emocional do terapeuta, como debatidas no item sobre a "primeira tarefa" (ver capítulo 4), pode facilitar, para o aluno, a escuta de seu paciente, mesmo antes de conhecê-lo e logo no início do contato com ele. Nos cursos de graduação ou de especialização, o enfoque da psicoterapia breve descrito nesse livro pode auxiliar no ensino e na pesquisa.

13.3 Diagnóstico psiquiátrico e psicanalítico

Atualmente, o diagnóstico psiquiátrico está baseado nas classificações internacionais, o CID-10 (1998) e o DSM-V (2013). Quando me formei em Medicina na USP, em 1977, e fiz Residência em Psiquiatria no Hospital das Clínicas da mesma Faculdade (nos anos de 78 e 79), meus mestres alertavam para a necessidade do estudo de filosofia, história, literatura, sociologia, para a formação do futuro psiquiatra. A visão de mundo ampliada pela música, pelo cinema, pelo esporte, pelo que rodeia o ser humano, era de importância capital para a compreensão da vida e das pessoas no planeta. Para fazer um diagnóstico psiquiátrico, era necessária a apreensão da pessoa como um todo.

Hoje em dia, o diagnóstico psiquiátrico reduziu-se a um conjunto de sintomas, descritos pelo CID ou DSM. Ao psiquiatra basta conhecer as listas de sintomas e enquadrar seu pacientes nos diagnósticos correspondentes. O paciente, nos dias atuais, não tem um diagnóstico, tem vários (comorbidade), porque seus sintomas podem compor, seguindo as escalas, mais de um diagnóstico possível, o que acontece na maioria dos casos. Não importa o ser humano que se "esconde" atrás dos sintomas, considera-se apenas a superfície e o sujeito não entra em questão.

Na revista *Diagnóstico e tratamento*, da Associação Paulista de Medicina, com o título "Não basta ser clínico: tem que tratar depressão e ansiedade também", a autora Benseñor (2001), então assistente de clínica médica no HCFM-USP, defende que o médico não psiquiatra tem de aprender a medicar os pacientes com os diagnósticos acima citados, salientando sua frequência na clínica geral. Escreve que "é essencial que o clínico do século XXI domine o uso das principais escalas diagnósticas para transtornos psiquiátricos...", defendendo o uso do medicamento apropriado para depressão, ansiedade e transtornos somatoformes, por exemplo.

A autora é coerente com o momento da psiquiatria atual. Sua proposta seria impensável, caso o psiquiatra tivesse uma compreensão do humano além do simples uso de "escalas diagnósticas", o que, em geral, não ocorre.

O médico clínico não está preparado, na maioria dos casos, teórica e emocionalmente, para compreender seu paciente como ser singular; este é um vértice que ultrapassa anos-luz o vértice utilizado na escala diagnóstica. O psiquiatra, hoje, tanto quanto os médicos clínicos, está cada vez mais despreparado para lidar com as dificuldades dos pacientes.

O problema não está no CID ou DSM, nem nas escalas construídas visando unificar diagnósticos, em âmbito mundial, em função de pesquisas. A intenção inicial era promissora. A questão está em seu uso indiscriminado e no fato de colocar o sintoma acima da compreensão do ser humano.

A psicanálise, com sua abordagem para além da sintomatologia, propõe uma avaliação do sujeito muito maior do que as avaliações permitidas por uma escala diagnóstica, apreendendo não apenas uma perspectiva inconsciente do fenômeno humano, mas albergando também uma visão da pessoa dentro de seu ambiente, local e globalizado, individual e filosófico, histórico e sociológico, que a superficialidade do sintoma nunca atingirá.

O antigo médico de família deveria ter, dentro dessa perspectiva, o conhecimento de seu paciente e de sua família, ao longo do tempo. Mas só isso não basta. Saber distinguir, por exemplo, uma depressão-doença de uma depressão-síndrome ou de um sintoma depressivo, escolhendo medicar ou conversar, requer experiência no assunto, além de formação peculiar ao meio "psi" para saber lidar com a questão.

Atualmente a maioria dos psiquiatras, influenciada pelo interesse comercial dos laboratórios, medicaliza qualquer ansiedade ou depressão, trabalhando em desfavor de seu paciente.

Quantos psiquiatras (ou médicos clínicos) estão preparados para conversar com o paciente, levando em conta os aspectos conscientes e inconscientes, em uma abordagem psicopatológica, filosófica, observando o paciente inserido em determinado contexto histórico-sociológico? Quantos estão qualificados para saber o que dizer para um ser humano aflito, angustiado e deprimido, podendo diferençar se a medicação é ou não necessária, atender às questões do cliente, auxiliando-o a enfrentar a situação (com ou sem remédios), para que novo sintoma não apareça logo a seguir?

A abordagem comportamental-cognitiva, co-irmã do modelo médico, de uso cada vez mais frequente pelos psiquiatras, atende à simplificação. Sendo um vértice superficial e direto, não requer muito do profissional e atende aos interesses para mais e mais medicação, com menos troca e encontro humano.

O diagnóstico psicopatológico, compreendido a partir dos tipos de personalidade, como defendo no presente trabalho, torna mais complexa a atuação do profissional. Leva-se tempo para aprendê-lo, sua abordagem não é positiva, exige a presença emocional do terapeuta (sujeita a variações e até a erros). Este diagnóstico se faz a partir da relação humana do par terapeuta-paciente. A sutileza e a profundidade desta abordagem em nada lembram uma escala simplificadora.

O diagnóstico psicanalítico requer atenção para aspectos conscientes e inconscientes, exige do terapeuta saber distinguir o que é seu e o que é do outro, propõe a importância do encontro, de um diálogo significativo, demanda a observação da relação terapeuta-paciente (transferência-contratransferência), defende uma visão do ser humano inserido em seu ambiente familiar e social, o que conduz o terapeuta a observações sutis das emoções, do comportamento e do discurso do paciente, muito além do sintoma.

Referências bibliográficas

AGOSTINHO, S. *Confissões*. São Paulo: Paulus, 1997.

ALEXANDER, F. *Psychoanalysis and psychotherapy*: developments in theory, technique and training. New York: Norton, 1956.

ALEXANDER, F.; FRENCH, T.M. *Psychoanalytical therapy*: principals and application. New York: Ronald Press, 1946.

AMERICAN PSYCHIATRIC ASSOCIATION (APA). *DSM IV – Manual de diagnóstico e estatística das perturbações mentais*. Lisboa: Climepsi, 1996.

ASSIS, M. O espelho. In: *Obras completas*. Rio de Janeiro: Nova Aguilar, 1994 (original publicado na Gazeta de Notícias, 1888).

BALINT, M., ORNSTEIN, P.H.; BALINT, E. *La psichothérapie focale*. Paris: Payot, 1975. (Trabalho original publicado em 1972).

BELLAK, L.; SMALL, L. *Emergency psychotherapy and brief psychotherapy*. New York: Grune & Stratton, 1965.

BENSEÑOR, I. M. Não basta ser clínico: tem que tratar depressão e ansiedade também. *Revista Diagnóstico e Tratamento*, v. 6, n. 5-6, 2001.

BERMAN, M. *Tudo o que é sólido desmancha no ar*. São Paulo: Companhia das Letras, 1986. (Trabalho original publicado em 1982).

BERGERET, J. *La personnalité normale et pathologique*. Paris: Dunod, 1985. (Trabalho original publicado em 1974).

BOLLAS, C. Abandonar o habitual: a derrota da psicanálise freudiana. In: GREEN, A. (org.). *Psicanálise contemporânea*. Rio de Janeiro: Imago, 2003. (Trabalho original publicado em 1981).

BOWLBY, J. Separation anxiety: a critical review of the literature. *The journal of child psychology and psychiatry*, v. 1, n.4, pp. 251-269, 1960.

BOWLBY, J. *Apego e perda*: apego, a natureza do vínculo. Vol. 1. São Paulo: Martins Fontes, 1990. (Trabalho original publicado em 1969).

BRAIER, E. A. *Psicoterapia Breve de orientação psicanalítica*. São Paulo: Martins Fontes, 1986. (Trabalho original publicado em 1984).

CARACUSHANSKY, S.R. *A terapia mais breve possível*: avanços empráticas psicanalíticas. São Paulo: Summus, 1990.

DAVIS, M.; WALLBRIDGE, D. *Limite e espaço*. Rio de Janeiro: Imago, 1982. (Trabalho original publicado em 1981).

DECLÍNIO do Império Americano. Direção de Deny Arcard. Canadá: 1986.

DELEUZE, G. *Conversações*. Rio de Janeiro: 34, 1992.

ETCHEGOYEN, H. *Fundamentos da técnica psicanalítica*. Porto Alegre: Artes Médicas, 1987. (Trabalho original publicado em 1985).

FÉDIDA, P. *Clínica psicanalítica*. São Paulo: Escuta, 1988. (Trabalho original publicado em 1987).

FERENCZI, S. Transferência e introjeção. In: *Escritos psicanalíticos*. Rio de Janeiro: Taurus, 1988. (Trabalho original publicado em 1909).

FERENCZI, S. A técnica psicanalítica. In: *Escritos psicanalíticos*. Rio de Janeiro: Taurus, 1988. (Trabalho original publicado em 1911).

FERENCZI, S. Prolongamentos da "técnica ativa" em psicanálise. In: *Escritos psicanalíticos*. Rio de Janeiro: Taurus, 1988. (Trabalho original publicado em 1921).

FERENCZI, S. Perspectivas da psicanálise. In: *Escritos psicanalíticos*. Rio de Janeiro: Taurus, 1988. (Trabalho original publicado em 1924).

FERENCZI, S. Elasticidade da técnica psicanalítica. In: *Escritos psicanalíticos*. Rio de Janeiro: Taurus, 1988. (Trabalho original publicado em 1928).

FERENCZI, S. Princípio de relaxação e neo-catarse. In: *Escritos psicanalíticos*. Rio de Janeiro: Taurus, 1988. (Trabalho original publicado em 1930).

FERENCZI, S. Confusão de língua entre os adultos e as crianças. In: *Escritos psicanalíticos*. Rio de Janeiro: Taurus, 1988. (Trabalho original publicado em 1933).

FERENCZI, S. *Diário clínico*. São Paulo: Martins Fontes, 1990. (Trabalho original publicado em 1932).

FERENCZI, S.; RANK, O. *The development of psychoanalysis*. New York: International Press, 1956. (Trabalho original publicado em 1925)

FIORINI, H. J. *Teoria e técnica de psicoterapias*. Rio de Janeiro: Francisco Alves, 1978. (Trabalho original publicado em 1973).

FREUD, S. Recomendações aos médicos que exercem a psicanálise. In: *Obras Completas*. Vol. 22. Rio de Janeiro: Imago, 1969. (Trabalho original publicado em 1912).

FREUD, S. Inibição, sintoma e angústia. In: *Obras Completas*. Vol. 20. Rio de Janeiro: Imago, 1969. (Trabalho original publicado em 1926).

FREUD, S. O mal-estar na civilização. In: *Obras Completas*. Vol. 21. Rio de Janeiro: Imago, 1969. (Trabalho original publicado em 1929).

FREUD, S. Tipos libidinais. In: *Obras Completas*. Vol. 21. Rio de Janeiro: Imago, 1969. (Trabalho original publicado em 1931).

FREUD, S. Análise terminável e interminável. In: *Obras Completas*. Vol. 20. Rio de Janeiro: Imago, 1969. (Trabalho original publicado em 1937).

GAY, P. *Freud*: uma vida para nosso tempo. São Paulo: Companhia das Letras, 1989.

GILLIÉRON, E. *As psicoterapias breves*. Rio de Janeiro: Jorge Zahar, 1986. (Trabalho original publicado em 1983).

GILLIÉRON, E. *Introdução às psicoterapias breves*. São Paulo: Martins Fontes, 1991. (Trabalho original publicado em 1983).

GILLIÉRON, E. *A primeira entrevista em psicoterapia*. São

Paulo: Unimarco e Loyola, 1996.

GILLIÉRON, E. *Manuale di psicoterapia analítica breve*. Roma: Edizioni Universitarie Romane, 1993.

GILLIÉRON, E. *Manual de psicoterapias breves*. Lisboa: Climepsi, 1998.

GREEN, A. *La folie privée*. Paris: Gallimard, 1998. (Trabalho original publicado em 1990).

HALL, S. *A identidade cultural na pós-modernidade*. Rio de Janeiro: DP & A, 2003. (Trabalho original publicado em 1992).

HAYNAL, A. La technique en question: controverses em psychanalyse. Paris: Payot, 1987.

HEGENBERG, M. *Borderline*. São Paulo: Casa do Psicólogo, 2000.

HEGENBERG, M. *Psicoterapia breve de casal*. Pearson, 2016.

HERRMANN, F. *Andaimes do real*: o método da psicanálise. São Paulo: Casa do Psicólogo, 2001. (Trabalho original publicado em 1979).

KHAN, M. M. R. *Quando a primavera chegar*: despertares em psicanálise. São Paulo: Escuta, 1991. (Trabalho original publicado em 1988).

KESSELMAN, H. *Psicoterapia Breve*. Buenos Aires: Kargieman, 1970.

KERNBERG, O. F. Psicanálise, psicoterapia psicanalítica e psicoterapia de apoio: controvérsias contemporâneas. In: GREEN, A. (Org.). *Psicanálise contemporânea*. Rio de Janeiro: Imago, 2003. (Trabalho original publicado em 1991).

KNOBEL, M. *Psicoterapia Breve*. São Paulo: EPU, 1986.

LAPLANCHE, J.; PONTALIS, J.-B. *Vocabulário da psicanálise*. São Paulo: Martins Fontes, 1970. (Trabalho original publicado em 1967).

LEMGRUBER, V. B. *A Psicoterapia Breve*: a técnica focal. Porto Alegre: Artes Médicas, 1984.

LEWIN, K. *Brief psychotherapy, brief encounters*. Missouri: Warren H. Green, 1970.

LOWENKRON, T.S. *Psicoterapia psicanalítica breve*. Porto Alegre: Artes Médicas, 1993.

MAGNÓLIA. Direção de Paul Thomas Anderson. USA: 1999.

MALAN, D. *A study of brief psychotherapy*. Plenum Press: New York, 1975. (Trabalho original publicado em 1963).

MALAN, D. *As fronteiras da Psicoterapia Breve*. Porto Alegre: Artes Médicas, 1981.

MANN, J. *Time-limited psychotherapy*. Cambridge: Harvard University Press, 1973.

MENNINGER, K. *Theory of psychoanalytic tecnique*. New York: Basic Books, 1958.

MOFFAT, A. *Terapia de crise*. São Paulo: Cortez, 1983. (Trabalho original publicado em 1981).

OGDEN, T. H. *Os sujeitos da psicanálise*. São Paulo: Casa do Psicólogo, 1996.

OGDEN, T. H. *Trabalhar na fronteira do sonho*. In: GREEN, A. (Org.). *Psicanálise contemporânea*. Rio de Janeiro: Imago, 2003.

ORGANIZAÇÃO MUNDIAL DA SAÚDE (OMS). CID-10 – *Classificação de transtornos mentais e de comportamento*. Porto Alegre: Artes Médicas, 1993.

RODRIGUES, N. Viúva, porém honesta. In *Teatro completo*: peças psicológicas. Rio de Janeiro: Nova Fronteira, 1981. (Trabalho original publicado em 1957)

ROSA, J.G. A hora e vez de Augusto Matraga. In: *Contos de João Guimarães Rosa*. São Paulo: Companhia Editora Nacional, 1978. (Trabalho original publicado em 1946).

SAFRA, G. *A face estética do self*: teoria e clínica. São Paulo: Unimarco, 1999.

SIFNEOS, P. E. *Short-term psychotherapy and emocional crisis*. Cambridge: Harvard University Press, 1972.

SIFNEOS, P. E. *Psicoterapia Breve provocadora de ansiedade*. Porto Alegre: Artes Médicas, 1993. (Trabalho original publicado em 1992).

WILDE, O. *O retrato de Dorian Gray*. Rio de Janeiro: Ediouro, 1998. (Trabalho original publicado em 1890).

WILDE, O. O rouxinol e a rosa. In: *Contos de amor do século XIX*. São Paulo: Editora Companhia das Latras, 2007. (Trabalho original publicado em 1888).

WINNICOTT, D.W. Objetos transicionais e fenômenos transicionais. In: *O brincar e a realidade*. Rio de Janeiro: Imago, 1975. (Trabalho original publicado em 1951).

WINNICOTT, D. W. Aspectos clínicos e metapsicológicos da regressão dentro do setting psicanalítico. In: *Textos selecionados: da pediatria à psicanálise*. Rio de Janeiro: Imago, 1988. (Trabalho original publicado em 1954).

WINNICOTT, D. W. *Tudo começa em casa*. São Paulo: Martins Fontes, 1996. (Trabalho original publicado em 1961).

WINNICOTT, D. W. O valor da consulta terapêutica. In: *Explorações psicanalíticas*. Porto Alegre: Artes Médicas, 1994. (Trabalho original publicado em 1965).

WINNICOTT, D. W. O jogo do rabisco. In: *Explorações psicanalíticas*. Porto Alegre: Artes Médicas, 1994. (Trabalho original publicado em 1968).

WINNICOTT, D. W. O uso de um objeto e relacionamento através de identificações. In: *O brincar e a realidade*. Rio de Janeiro: Imago, 1975. (Trabalho original publicado em 1969).

YOSHIDA, E.M.P. *Psicoterapias psicodinâmicas breves e critérios psicodiagnósticos*. São Paulo: EPU, 1990.

Coleção Clínica Psicanalítica
Títulos publicados

A cena hospitalar: psicologia médica e psicanálise
Alfredo Simonetti

Acompanhamento terapêutico
Maurício Porto

Acontecimento e linguagem
Alcimar Alves de Souza Lima

Adicções
Decio Gurfinkel

Adoção
Gina Khafif Levinzon

Adolescência
Tiago Corbisier Matheus

Amor e fidelidade
Gisela Haddad

Anomia
Marilucia Melo Meireles

Autismo
Ana Elizabeth Cavalcanti, Paulina Schmidtbauer Rocha

Autorização e angústia de influência em Winnicott
Wilson Franco

Borderline
Mauro Hegenberg

Cena incestuosa
Renata Udler Cromberg

Cidade e subjetividade
Flávio Carvalho Ferraz

Clínica da exclusão
Maria Cristina Poli

Clínica do continente
Beatriz Chacur Mano

Clínica do trabalho
Soraya Rodrigues Martins

Clinicar na Atualidade - Sofrimento precoces e Patologias ao longo da vida
Vera Lúcia Silva Prazeres

Complexo de Édipo hoje?
Nora B. Susmanscky de Miguelez

Consultas terapêuticas
Maria Ivone Accioly Lins

Corpo
Maria Helena Fernandes

Crise pseudoepiléptica
Berta Hoffmann Azevedo

Crítica à normalização da psicanálise
Mara Caffé

Demências
Delia Catullo Goldfarb

Depressão
Daniel Delouya

Desafios para a técnica psicanalítica
José Carlos Garcia

Desamparo
Lucianne Sant'Anna de Menezes

Disfunções sexuais
Cassandra Pereira França

Distúrbios do sono
Nayra Cesaro Penha Ganhito

Ecos da clínica
Isabel Mainetti de Vilutis

Emergências psiquiátricas
Alexandra Sterian

Ensaios psicanalíticos

Flávio Carvalho Ferraz

Entrevistas preliminares em psicanálise
Fernando Rocha

Epistemopatia
Daniel Delouya

Escritos metapsicológicos e clínicos
Ana Maria Sigal

Esquizofrenia
Alexandra Sterian

Estresse
Maria Auxiliadora de A. C. Arantes,
Maria José Femenias Vieira

Fairbairn
Teo Weingrill Araujo

Famílias monoparentais
Lisette Weissmann

Ferenczi
Teresa Pinheiro

Fobia
Aline Camargo Gurfinkel

Hipocondria
Rubens Marcelo Volich

Histeria
Silvia Leonor Alonso,
Mario Pablo Fuks

Idealcoolismo
Antonio Alves Xavier,
Emir Tomazelli

Imitação
Paulo de Carvalho Ribeiro e colaboradores

Incestualidade
Sonia Thorstensen

Inconsciente social
Carla Penna

Infertilidade e reprodução assistida
Marina Ribeiro

Linguagens e pensamento
Nelson da Silva Junior

Morte
Maria Elisa Pessoa Labaki

Narcisismo e vínculos
Lucía Barbero Fuks

Neurose e não neurose
Marion Minerbo

Neurose obsessiva
Rubia Delorenzo

Neuroses atuais e patologias da atualidade
Paulo Ritter

Neurose traumática
Myriam Uchitel

Normopatia
Flávio Carvalho Ferraz

Orientação profissional
Maria Stella Sampaio Leite

O tempo, a escuta, o feminino
Silvia Leonor Alonso

Paranoia
Renata Udler Cromberg

Perversão
Flávio Carvalho Ferraz

Pós-análise
Yeda Alcide Saigh

Problemas de linguagem
Maria Laura Wey Märtz

Problemáticas da identidade sexual
José Carlos Garcia

Psicanálise da família
Belinda Mandelbaum

Psicanálise e educação
Maria Regina Maciel

Psicanálise e música
Maria de Fátima Vicente

Psicopatia
Sidney Kiyoshi Shine

Psicossomática
Rubens Marcelo Volich

Psicoterapia breve psicanalítica
Mauro Hegenberg

Psicoterapia breve psicanalítica de casal
Mauro Hegenberg

Psicoterapia de casal
Purificacion Barcia Gomes,
Ieda Porchat

Ressentimento
Maria Rita Kehl

Saúde do trabalhador
Carla Júlia Segre Faiman

Sintoma
Maria Cristina Ocariz

Sublimação e *unheimliche*
Alessandra Martins Parente

Tatuagem e marcas corporais
Ana Costa

Tempo e ato na perversão
Flávio Carvalho Ferraz

Término de análise
Yeda Alcide Saigh

Tortura
Maria Auxiliadora de Almeida Cunha Arantes

Trabalho do negativo
Vera Lamanno-Adamo

Trama do olhar
Edilene Freire de Queiroz

Transexualidades
Paulo Roberto Ceccarelli

Transferência e contratransferência
Marion Minerbo

Transtornos alimentares
Maria Helena Fernandes

Transtornos da excreção
Marcia Porto Ferreira

Transtornos de pânico
Luciana Oliveira dos Santos

Vertentes da psicanálise
Maria Laurinda Ribeiro de Souza

Violência
Maria Laurinda Ribeiro de Souza

Construindo ideias
e conectando mentes

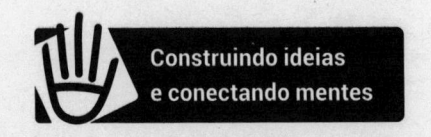

Este livro foi composto com tipografia Freight Text Pro
e impresso em papel Pólen Natural 80g.
na Gráfica Promove em março de 2023.